SORBIAN [WENDISH]-ENGLISH ENGLISH-SORBIAN [WENDISH]

CONCISE DICTIONARY

SORBIAN [WENDISH]-ENGLISH
ENGLISH-SORBIAN [WENDISH]

CONCISE DICTIONARY

English-Sorbian [Wendish] section compiled by

Měrćin Strauch

HIPPOCRENE BOOKS, INC.
New York

Published by arrangement with Domowina-Verlag GmbH (Ludowe nakładnistwo Domowina) of Bautzen (Budyšin), Germany.

The English-Sorbian part of the dictionary was originally published as Słowničk jendźelsko-serbski, 1995.

ISBN 0-7818-0780-8

For information, address:
HIPPOCRENE BOOKS, INC.
171 Madison Avenue
New York, NY 10016

Design and composition by Susan A. Ahlquist, Wainscott, NY

Printed in the United States of America.

CONTENTS

ABBREVIATIONS 1

THE UPPER SORBIAN ALPHABET 3

SORBIAN-ENGLISH DICTIONARY 7

ENGLISH-SORBIAN DICTIONARY 207

Abbreviations/ Wužiwane skrótšenki:

adj.	—	adjective
adv.	—	adverb
gram.	—	grammar
pl.	—	plural
prep.	—	preposition
p.t.	—	past tense
sg.	—	singular
n.	—	noun
sb.	—	somebody
sth.	—	something
v.	—	verb

The Upper Sorbian Alphabet

Letter(s)

A	**a**	as a in English *art*
B	**b**	as b in English *blue*
C	**c**	pronounced like ts English *cats*
Č	**č**	pronounced like cz in *Czech*
D	**d**	as d in English *dog*
Dź	**dź**	pronounced like j in English *jeep*
E	**e**	as e in English *get*
Ě	**ě**	slightly prolonged ee as in English *deer*
F	**f**	as f in English *far*
G	**g**	as g in English *green*
H	**h**	as h in English *hand*
Ch	**ch**	at the beginning and at the end of a syllable: pronounced like the guttural ch in the Scottish pronunciation of *loch* at the beginning of a word: with a few exceptions pronounced like English k
I	**i**	pronounced like ee in English *meet*
J	**j**	as i in English *lid*

K	**k**	as k in English *king*
Ł	**ł**	pronounced like w in English *was*
L	**l**	as l in English *land*
M	**m**	as m in English *my*
N	**n**	as n in English *nobody*
Ń	**ń**	an n-sound preceded by a short y
O	**o**	as o in English *not*
Ó	**ó**	slightly prolonged oo, as in English *poor*
P	**p**	as p in English *pack*
(Q	**q)**	
R	**r**	as r in English *rose*
Ř	**ř**	when following k and p: pronounced like sh as in English *show* when following t: pronounced like s as in English *sum*
S	**s**	hissing s as in English *beside*
Š	**š**	pronounced like sh in English *show*
T	**t**	as t in English *town*
Ć	**ć**	pronounced like cz in *Czech*
U	**u**	as oo in English *book*
(V	**v)**	
W	**w**	as v in English *visit*
(X	**x)**	
Y	**y**	as u-sound formed by pursing both lips

Z	**z**	z like in English *zebra*, at the end of a word mostly pronounced like hissing s like in English *beside*
Ž	**ž**	at the beginning of a word: pronounced like j as in English *journalist* at the end of a word: pronounced like sh as in English *wash*

Sorbian-English Dictionary

A

a and
a tak dale etc.
a tež as well as
abo or
absolować (uniwersitu abo wysoku šulu) graduate
absolutny strict
absolwent (uniwersity abo wysokeje šule) graduate
absorbować absorb
abstraktny abstract
abtownja abbey
acre acre
aděrować add v.
adoptować adopt
adresa address
Afričan/ka African
Afrika Africa
afriski African
agresiwny aggressive
Ahoj! Bye!; **Ahoj!** See you soon.
Ach tak! I see …
akademikar graduate
akademiski academic
akcent accent

akceptować accept
akcija campaign
akcija operation
akt act
aktiwita activity
aktiwny active
aktualny recent, up to date
aktualny być keep up to date
akuratnje prajene in fact
akwarel water color
ale but, though, however; **ale též** not only ... but also
aleja avenue
aligator alligator
alkohol alcohol
alkoholikar alcoholic
alkoholiski alcoholic
alkoholizm alcoholism
alpinist climber
alpinizm rock-climbing
Alpy Alps
alternatiwa alternative
alternatiwnje alternatively
alternatiwny alternative
aluminium aluminum
Američan/ka American
Amerika America
ameriski American
amizantny amusing

analyzować analysis
Angelsaks/Angelsaksowka Anglo-Saxon
angelsakšćina Anglo-Saxon
angelsakska rěč Anglo-Saxon
angelsakski Anglo-Saxon
Angloameričan/ka Anglo-American
anglo-ameriski Anglo-American
anglo-iriski Anglo-Irish
ani not even; **ani ... ani** nor; neither ... nor
anorak anorak
antikski ancient
aplaws cheering
apostrof apostrophe
apryl April
Arab/ka Arab
arabšćina Arabic
arabski Arab; Arabic
arest confinement
argument argument
archa ark; **archa Noacha** Noah's ark
armeja army
arogantny arrogant
artikl article
asistent/ka assistant
asociacija association
asociěrować associate with
aspekt aspect, focus
aspirin aspirin

astronawt astronaut
astronawtika space travel
asyl asylum
ataka attack
atakować attack v.
atd. etc.
atlet - (lochko) atlet athlete
atletiski athletic
atmosfera atmosphere
atomowa milinarnja nuclear power station
atrakcija attraction
atraktiwny attractive
au-pair holca/hólc au pair
awersija přećiwo dislike of/for
awgust August
Awstralčan/ka Australian
Awstralija Australia *(continent)*
Awstralska Australia *(state)*; down under
awstralski Australian
Awstričan/ka Austrian
Awstriska Austria
awstriski Austrian
awtentiski authentic
awto auto(mobile), car; **awto wodźić** drive
awtodróha highway
awtochtony native
awtomatiski automatic(ally)
awtomechanika auto mechanics

awtomobil auto(mobile)
awtor author
awtotechnika auto mechanics
Aziat/ka Asian
Azičan/ka Asian
Azija Asia
aziski Asian

B

baby baby
bahnojty muddy
bałma cotton
bal ball
balkon balcony
banana banana
band band
banda gang
bandaža bandage
banka bank
bankowka bill, note n.
bankownistwo banking
bankowy banking
bankrot być be broke
bankrot činić be broke
bankrotny run-down
bar bear

barba color, paint n.
barbić paint v.
barbna nuanca shade
barbojty colored, colorful
baseball baseball
baseń poem
basketball basketball
basnik poet
basnistwo poetry
baterija battery
Bayerska Bavaria
baza foundation
bazěrowacy na be based on
bazěrujo na be based on
bencin gas, gasoline
bić beat, hit, knock v.
bědny miserable
běhar runner
běhać jog, walk v.
běłoch white
běły white**; běły mjedwjedź** polar bear
běrna pl. běrny potato
běrnjace chipsy potato chips
běrow office
běrtlk quarter
běžata woda running water
běžeć be on; flow; run v.; **běžeć (mašina)** work v.
běžny fluent

biblioteka library
bičk hooligan
bijeńca fight
binda bandage
biologija biology
biotechnologija biotechnology
bio-žiwidła health food
bitwa battle
bjez without; **bjez cila** aimless; **bjez** clear of; **bjez domizny** homeless; **bjez dźěła być** out of work; **bjez časa** timeless; **bjez kedźbliwosće** careless; **bjez kónca** endless; **bjez měra** restless; **bjez nadźije** hopeless; **bjez pomocy** on my own/ your own; **bjez wotmysła** involuntary; **bjez wotpohlada** involuntary; **bjez wužitka/zmysła** useless; **bjez zaměra** aimless; **bjezdomny** homeless; **bjezdwěla** undoubted; **bjezdźěłnosć** unemployment; **bjezdźěłny być** out of work; **bjezdźěłny** unemployed; **bjeze słoda** tasteless; **bjez hódotny** worthless; **bjezčasowy** timeless; **bjezkónčny** endless; **bjezmócny** powerless; **bjeznadźijny** hopeless; **bjezpomocny** helpless; **bjezposrědni** direct; **bjezsparny** sleepless; **bjezstarostny** careless; **bjezstarostny** easygoing; **bjezzakonski** lawless
błazny crazy
błóto dirt
błóto mud

błóćany dirty, muddy
błudny crazy
błyšćacy bright
bleša bottle; **bleša limonady** bottle of lemonade
blidar carpenter
blido table
blidotenis table-tennis
bliski near
blisko near, next to, close to; **blisko (při)** by; **blisko k přirodźe** close to nature
blok block
bluza blouse
Bóh (tón) Knjez Lord
Bóh luby Knjez Lord
Bóh, bóh God, god
bohatstwo wealth
bohaty rich, well-off; wealthy; **bohaty na** rich in
bohužel I'm afraid.
bohužel unfortunately
bój fight
bojazliwy shy
Boju so ... I'm afraid.
bok side
ból ache, pain
bóle rozbudźacy more exciting
bóle zdaleny farther
bolenje ache
boleć ache v.

bomba bomb
bonca bigwig
borzdźić brake v.
borzdźidło brake n.
bórze soon
bos boss
božemje farewell; **Božemje!** Bye!; Goodbye.
bratr brother
bratrowc/sotrowc nephew
bratrowka niece
bratrowstwo brotherhood
brěčka juice; **(citronowa) brěčka** squash
briliantny brilliant
Brita, Britka Briton
britiski British
Britojo the British
brjóh coast
brjušebolenje (a) stomach ache
broda beard
broiler chicken
brojenje waste n.
brojić waste v.
bróń gun
bróń weapon
brónje arms
brošura booklet
bróžeń barn
brudny dirty

bruny brown
buda hut
Budu ... I'm going to
budźe (činić) will
budźić wake up
bul ball
buna bean
bur farmer
burski dom farmhouse
bus bus; **bus docpěć** catch a bus
busowe zastanišćo bus stop
busowu turu/jězbu činić go on a bus tour
butra butter
by would; **by měł/a** should; **by móhł/bychu móhli** could; **by lěpje było** you had better ...
bydlenje apartment, flat, home, housing
bydlenska stwa living-room
bydlenski blok block; **bydlenski dom** apartment building; **bydlenski** housing; **bydlenski mobil** motorhome; **bydlenski wobwod** neighborhood; **bydlenski wobwod w centrumje města** inner city; **bydlenski wóz** caravan; **bydlenski wóz** trailer
bydlić live, stay v.
Bydlu w ... I'm from ...
bych would; **Bych (jara) rady ...** I'd love (to); **Bych (jara) rady** I'd like = I would like to; **bych móhł/bychmy móhli** might; **Bych njesměrnje**

rady/jara rady I'd love to; **Bych radlubje ...** I'd love (to); **Bych rady ...** I'd like ...
bychu měli shorts
byk bull
byrgarska wójna civil war
byrnjež though, although, even though
być be; **być njespokojom z** dissatisfied (with); **być při telefonje** be on the telephone
bywać become
bywši ex–

C

całta (słódka) całta bun, roll
camping camping
campingowanišćo camp site
campingowníšćo camp site
campingowy bus motorhome
campingowy warjak heater
cebra zebra
cent cent
centimeter centimeter
centowy - 10-centowy pjenjez w USA dime
centralny central
centrum center; city
ceremonija ceremony
cigareta cigarette

cil aim
cilowa linija finish line
ciwilizować civilize
ciwilizowany civilized
cło duty
coca–cola coke
cokor sugar
comic–zešiwk comic
cona zone, precinct; **cona za pěškow** pedestrian precinct
coologiska zahroda zoo
coologiski wobchod pet shop
cornflakes corn flakes
corruption pokupjenje
cowboy cowboy
cuzbnik/cuzbnica stranger
cuzy foreign, strange
cuzy/cuza foreigner, stranger
cwólba gang
cyłe hodźiny (dołho) for hours
cyłkowna šula comprehensive school
cyłkownje altogether, generally, whole, on the whole
cyłkowny whole
cyłodnjowski full-time
cyłu (hodźinu) a pod. throughout
cyły all, the whole of, whole; **cyły (dźeń)** throughout
cyle all, altogether, quite
cyle horjeka on top of

cynowa mina tin mine
cynowe podkopki tin mine
cyrkej abbey, church
cyroba food

Č

čaj tea; **čaj naparić** make tea; **čaj pić** have tea; **čaj warić** make tea
čakać na wait for
čapor stuff
čara route
čas time; **čas najsylnišeho wobchada** rush hour; **čas picowanja** feeding-time; **čas zabiwać** pass the time
časnik (naručny) watch, clock n.; **Mój časnik wopak dźe.** My watch is wrong.
časnikar/ka watchmaker
časopis magazine
časowa forma tense
časowy plan schedule
často often
čehodla why
Čehodla nic? Why not?
čeji/čeja whose
čejaž whose
Čeje to je? Whose is it?

čejiž whose
čerstwy fresh
čert devil
čertowy kruh vicious circle
čerwjeny red
česak comb
česać - (so) česać comb v.
Česćene knjenje a česćeni knježa ! Dear Sir or Madam!
česćić appreciate; **česćić (sej)** admire
česćowny respectful
čěrić drive
čiłosć liveliness
čim ..., ćim the ... the
čin act
činić dać što have sth. done
činić do, make
činić k make into
Čiń to sam! (samopomoc, sej sam pomhać) do-it-yourself!
čińmy let's
činohra play n.
čisło number
čisty clean, tidy adj.
čisćić tidy v.
čitajomny readable
čitar/ka reader

čitać read; **(před)čitać** read out
čłon member of
čłonski wupokaz membership card
čłowjek human being; couch potato;
 čłowjek/mužojo man
čłowjeski human
čłowjestwo mankind
čo./čisło number
čołm boat
čornić blacken
čornuch/čornuška black (person)
čornuši/chojo black (person)
čorny black
črij shoe
čuć feel (so)
čuwy nerves
čwělowanje torture

D

Daj mi přemyslować. Let me see.
dajmy let's
dale downstairs, further; **dale (preč)** farther; **dale ...** go on; **dale činić** go on, proceed; **dale hić** go on; **dale jěć/běžeć** drive/go on; **Dale tak!** Come on.; **dale wjesć** carry on
daloki far

dalokodróha highway
dalokowid binoculars
dalokož as long as
dalši additional
dama lady
dań na/za interest on
dar present
darić give
darmotny free
datum date
dać give, let, pass; **dać/přepodać komu što** hand sb. sth.; **dawać (picu, jědź)** feed
dawk tax; **dawk na něšto zběrać** put a tax on
debata debate on/about
debatěrować wo čim debate sth.
debjenka decoration
december December
decimalna ličba decimal
decimalny decimal
dejić milk
deklaracija declaration
deklarować declare
dekoracija decoration
dele down; **dele storhnyć** pull down
deleka below, bottom, downstairs
delikatny delicious
delni kónc bottom
demokrat/ka democrat

demokratija democracy
demokratiski democratic
demonstracija march n.
depresiwny depressed
deprimowany depressed
derje all right, all right, okay, well; **derje dźěłać** do a good job; **derje móc** do well; **derje znaty** well-known; **Derje!** Well.; **Derje.** That's all right.
design design
designer designer
deska board
dessert dessert
dešć rain
dešćikojty rainy
detail detail
diagram chart
dialekt dialect
dialog dialogue
diesel diesel
dieselowy wolij diesel
diferenca difference
diktatura dictatorship
direktnje next to adv.
direktny direct, right, straight; live adj.
direktor/ka principal; **direktor šule** headmaster; **direktorka šule** headmistress
disciplina discipline
disco diskoteka

disketa disk, floppy disk
diskjockey disc jockey
diskriminacija discrimination
diskriminěrować koho discriminate against
diskriminować segregate
diskusija discussion
diskusija wo debate on/about
diskutować debate sth., discuss
distanca distance
dla about; **dla čeho/čehodla** because of
dnjowy daytime
dno bottom
do to; before; up to; until; **do ćežow přińć** get into trouble; **do centruma** downtown; **do dowola jěć** go on vacation; **do dowola/prózdnin jěć** go/be on holiday; **do klětki tyknyć/sadźić** cage; **do łoža hić** go to bed; **do lisćiny zapisać** list v.; **do našeho ličenja časa** B.C. (before Christ); **do renty hić** retire; **do směra** towards; **do směra wuchoda** face east; **do so dychać** breathe in/out; **do šule chodźić/hić** go to school; **do toho** before that; **do wukraja** abroad; **do wuskosćow přińć** get into trouble
do (nutř) into
dobre dźěło wukonjeć do a good job
dobre mjeno prestige
dobre přećiwo/pře good for
Dobre ranje! Good morning.

dobro(měće) (na bance/konće) credit
dobrowólnik volunteer n.
dobrowólny voluntary; volunteer adj.
Dobru nóc! Good night.
dobry fine, good; **dobry być při abo w čim** do well; **dobry być při/w/na** good at; **dobry być při/we** be good/bad at; **Dobry dźeń! (po 12.00 hodź)** Good afternoon.; **Dobry dźeń!** Good morning.
dobytk deal, prize
dobyć win, conquer, defeat v.; **dobyće/wuspěch nad** defeat (of; by), beat
dobyćer/ka winner, champion
dobywar conqueror
docpěć achieve, catch, manage to do sth., reach for
docyła anyway; **docyła žadyn** not ... any; **docyła nic** not at all; **docyła ničo** not ... any
Dočakaj! Let me see.
Dočakaj minutu! Wait a minute.
Dočakaj wokomik! Wait a minute.; Hold on a minute.
Dočakńmy! Let's see.
dočasa přińć be early
dodać add v.
dodawar/ka supplier
dodawać supply
dodźeržeć - (zakoń) dodźeržeć keep
dodźěłać make ends meet
dohladowar/ka dźěći baby sitter

dochody income
dojednanje arrangement
dojěć arrive
dojězdźować commute
dojězdźowar/ka commuter
dokelž as, because
dokładnje exactly, thoroughly; **dokładnje (kaž)** just (like as)
dokładny careful, close, right, thorough
dokoławokoło around
dokónčić complete v.
doktor (mediciny) doctor
dokument document
dokumentarny film documentary
doł valley
dołhi long; **dołhi puć** a long way
dołho a long way, for a long time, since
dołhohrajna tačel LP (long-playing record)
dołhosć length
dołhož as long as
dolećeć arrive
dollar buck
dom apartment building; home; house; cathedral; **(mały) dom na kraju** cottage
doma at home; back home; indoor
dominować dominate
domizna home
domjaca nadoba dishes (*pl.*)

domjace nadawki činić do one's homework
domjacnostne dźěło housework; **domjacnostne dźěło činić** do the housework
domjacnosć household
domjacy nadawk homework
domoj hić go home
domoródnje native
domoródny native
doniž by the time; unless
donjesć take
dóńć arrive
dopis entry
dopisnica postcard
dopisowanski přećel pen pal
dopisowar pen pal
dopjelnić complete v.
dopokaz proof; **dopokaz za** evidence of
dopołdnja ***(při podaću Fasa)*** **na př** at 10.30 am
dopołdnjo morning
dopominać (někoho) na remind of
Dopomniš so? Does this ring a bell?
doprědka forwards
doréčenje arrangement
doréčeć arrange
dorostły čłowjek adult
dorosćeny adult, grown-up
doručić deliver
dóstać get, receive

dosć enough; **dosć měć wot čeho** be fed up with
dosćahnyć catch v.
dosahać last v.
dosahacy fair
doskónčnje for good
dospołnje altogether
dospołny complete
dotal - (**hač**) **dotal** so far
dótkać so touch
dótknyć touch
dowidźeć realize
dowol holidays, vacation
dowolić admit, allow, let, permit
dowolnosć license, permission, power; **dowolnosć měć** be allowed to
dowolowy centrum resort
dowožować supply
doza can (n)
dozhotowić complete v.
doživić expert
dr., doktor *(akademiski stopjeń)* Dr./Doctor
drama drama
dramatisce dramatically
dramatiski dramatic
drapak rubber
drapać rub
drasta clothes; **drasta (narodna)** costume
drastowy kamor wardrobe

draw rysować dramatically
dress dress
drje you see
drjewjany wooden
drjewo wood
drobne pjenjezy small change
drobnostka detail
droga drug
dróha road, street
drohi expensive
druha another
druhdy sometimes
druhe another
druheho měnjenja być hač disagree with
druhi alternative, another, else, other, second
družina kind (of), species, type of
duch ghost, spirit
duchownje zwjazać z associate with
duchowny minister, priest
dundak (šule) truant
dundać hang around
durje door
duša shower
duša soul
dušny good
dušowanje shower
dušować have a shower so
duć blow

dwěl doubt
dwělowanje doubt n.
dwělować doubt v.
dwójce time(s), twice
dwoji double
dwójnik twin
dwójny double
dwójny dypk colon
dwór - (kralowski) dwór court
dwórnišćo station
dych breath
dypk dot, point; (**programowy**) **dypk** item; **dypk** (**na kóncu sady**) period; **dypk dobyć** score
dypkowny punctual
dyr shock
Dyrbimy ...? Need we ...?
dyrbjał/měł (poprawom) ought to
dyrbjeć be to, must; (**činić**) **dyrbjeć** have got to, have to
Dyrbju/dyrbimy ...? Shall I/we ...?
dyrdomdejnik adventurer
dyrdomdejstwo adventure

dź

dźak thank n.
Dźakuju so. Thanks.

Dźakuju/Dźakujemy so. Thank you.
dźe do porjadka all right
dźenik diary
dźensa today, nowadays; **dźensa nocy** tonight; **dźensa wječor** this evening, tonight; **dźensa rano** this morning; **dźensa popołdnju** this afternoon
dźensniša nowina today's paper
dźensniše nowiny today's paper
dźensniši dźeń nowadays
dźeń day
Dźerž kruće! Hold tight.
dźeržeć hold
dźě you know
dźěłany artificial
dźěłarnistwo union
dźěłarnja workshop
dźěłać operate, work v.
dźěłaćer/ka worker, employee
dźěłaćerjo labor force
dźěłaćerska klasa working-class
dźěłaćerski labor
dźěłaćerstwo labor force
dźěło dać employ
dźěło employment
dźěło job, labor, work; **dźěło pisać** do a test
dźěłodawar/ka employer
dźěłowa móc labor force

dźěłowe mocy labor force
dźěłowy čas opening times
dźěd a wowka grandparents
dźěd grandfather
dźěl part
dźělenje po rasach segregation
dźělenje po rasach/rasowu diskriminaciju (w šulach) wotstronić desegregate (schools)
dźěleny apart, divorced
dźělić (z) share (with); **dźělić do** divide into; **dźělić po rasach** segregate
dźělny separate
dźěra hole
dźěćatstwo childhood
dźěći children; **dźěći kubłać** bring up children
dźěćo child, kid; **dźěćo dóstać** have a child
dźiw wonder n.
dźiwadło theater
dźiwadźelnica actress
dźiwadźelnik actor
dźiwi wild
dźowka daughter

E

efekt effect
eficientnje efficiently

egoistiski selfish
ekonomija economy
ekonomisce economically, efficiently
ekonomiski economic
eksaktnje exactly
ekscerpt z excerpt from
eksekutiwny executive
eksistowacy available
eksistować exist
eksistuja there is/are
eksistuje there is/are
eksistujetaj/ej there is/are
ekskluziwny exclusive
ekspert(a) expert
eksplozicija explosion
eksport export
eksportować export v.
ekspres express
ekstra extra
ekstremist extremist
ekstremny extreme
elefant elephant
elektriski electric
elektriski, elektro- electrical
elektronika electronics
elektroniski electronic
emigracija emigration
emigrěrować emigrate

emocija emotion
emocionalnje emotionally
emocionalny emotional
encyklopedija encyclopedia
energija energy
episoda episode
ertny oral
esej essay
essay essay
etapa stage
etaža floor (story)
etniski ethnic
Europa Europe
Europjan/ka European
Europska unija European Community
europski European
ewentualnje perhaps, possibly

F

fabla fable
fabrika factory
fabula fable
fach subject
fachowc expert
fairny fair
fakt fact, issue

faktor factor
falowacy missing
falowanje lack (of)
falować be missing
fan fan
fantastiski fantastic
fantastiski być be out of this world
fantazija imagination
farar minister; priest
farma farm
farmar farmer
fascinować fascinate
februar February
federalny federal
federatiwny federal
festiwal festival
fetu/disco zarjadować/wotměć have a disco
fiasko disaster
figura figure
fikcija fiction
filcowy pisak felt-tip
film film, movie
finalny final
financielny financial
firma business, company, firm
fit fit
fitnes fitness
flota fleet

fokus focus
forma shape
formalny formal
formowany shaped
formować shape v.
foto photo, photograph, picture
fotoaparat camera
fotograf photographer
fotografija photo, photograph
fotografować take pictures
Francoska France
francoski French
Francoz/Francozowka Frenchman/Frenchwoman
Francozojo the French
frekwenca frequency
frizer hairdresser
frizura hairstyle
frustrěrowany frustrated
fundament foundation
funkcija function
fyzika physics
fyzioterapeut/ka physical therapist

G

garaža garage
gardina curtain

generacija generation
general general
generalski general
generelny general
gentleman gentleman
geografija geography
germaniski Germanic
ghetto ghetto
girafa giraffe
gitara guitar; **gitaru hrać** play the guitar
globalny global
gmejna community
golf golf (hra)
golfowe hrajnišćo golf course
golfowy klub golf club
gorila gorilla
grafiti graffiti
gram gram *(měra masy)*
gramatika grammar
grat tool
Gratulacija! Congratulations!
gratulować compliment v.
grawoćiwy awful
gril barbecue
grilowanje barbecue
grilowanski wječor barbecue
gripa flu
Grjek/Grjekowka Greek

Grjekska Greece
grjekski Greek
guwerner governor
gymnastika gymnastics
gymnazij high school

H

habitus behavior
hač except; if; whether; than; **hač (do)** by; **hač do połnocy** p.m.; **hač do, k** *(temporalnje)* till; **hač dotal** previously; (**najpozdźišo**) **hač** by; **hač k** up to; **hač k/do** as far as
hačrunjež although, even though, though
had snake
haj yes
hajnik hunter
hakle as late as
hala hall
Halo! Hello!, Hi!
hałuza branch
hamburger hamburger
hamor hammer
hamt department, office
hamtski official
hanjenje rush
hanjeć rush

hara noise
hasa street
hasnyć put out, switch on/off
hat pond
haćić affect
hdy ever; **Hdy maš/maće narodniny?** When is your birthday?
hdys a hdys now and again
hdyž when, as, by the time, during; if; **hdyž by ty ...** you had better ...; **hdyž nic** unless; **hdyž tež přeco** whenever
hdyžkuli whenever
hdźe where, **hdźežkuli** wherever
Hej! Hey!, Hi!
hektiski hectic
helikopter helicopter
hercy band
hermank fair
heroin heroin
hesło slogan; **(pomocne) hesło** prompt
hewak otherwise; **hewak hišće** else; **Hewak hišće něšto?** Anything else?
hěta hut
hibanje movement
hibićiwosć skill
hida hate; **hida na** hatred of/for
hidźić hate
Highlands' w Šotiskej Highlander

hinak hač unlike
hinak wokoło the other way round
hinaši alternative, else, other; **hinaši (hač)** different from
hipopotamus hippo
historiski ancient, historical
hišće another; still; **hišće někotři/něšto** some more; **Hišće něšto?** Anything else?; **hišće raz** again, once more, once again; **hišće raz pisać** rewrite; **hišće jónu** once more/once again; **hišće jónu/znowa činić** redo; **hišće hórje** even worse; **hišće nic** not yet
hić go; **hić/jěć po** collect v.; **hić/jěć po** fetch, get, meet, send for
hižo already, as early as, yet; **hižo jónu** ever; **hižo nic wjace** not ... any more; **hižo prjedy** before; **hižo tehdy** even then
hładki even
hładkować flatten
hłód hunger
hłódny hungry; **hłódny być** be hungry
hłós voice; vote
hłósnje noisy
hłosować za vote for
hłowa head; **hłowa stata** head of state
hłownje mainly
hłownje mostly
hłowny basic; **hłowny kwartěr** headquarters

hłowny main
hłowybolenje headache
hłuboki deep
hłuchi deaf
hłupak fool
hłupikojty silly
hłuposć silliness
hłupy foolish
hłupy ignorant
hłupy silly
hłupy stupid
hłušić deafen
hladanišćo aspect, point of view
hladanje care, look n.; **hladanje přez cyły dźeń (wosebje dźěći)** day care
hladar/ka baby sitter
hladać look, watch v.; **hladać na** look at; **(po)hladać do** look up; **hladać što** take care of
hnać drive
hněw rage; **hněw na/nad** anger at
hněwać annoy, upset
hněwny annoying; **hněwny na** angry with
hnój fertilizer
hnojić fertilize
hnojiwo fertilizer
hnujacy moving
hnydom at once, in a minute
hobby hobby

hober giant
hoberski ghost, huge
hódančko mystery; puzzle
hódać guess v.
hódne być be worth doing
hódnota value
hódnoćić appreciate; estimate v.; **hódnoćić po** judge from
hódny worth
hodownik December
hodowny spěw Christmas carol
hody Christmas
Hodźi so prajić, zo ... one can say that
hodźin o' clock
hodźina hour; **(šulska) hodźina** lesson
hodźinski plan plan, schedule
hodźiny dołho for hours
hojić heal
hokej hockey
Holandska Holland
holandski Dutch
hólc boy
holca girl
holči skawt/holči Girl Scout
holči/žónski scout Girl Scout
homoseksualny gay
honorar fee
hońtwa hunt n.

hońtwjer hunter
hońtwjerić hunt v.
hooligan hooligan
hora mountain
horcy hot
hordozny noble
hordy na proud of
horicont horizon
horje up, upstairs
horje dźeržeć hold up
horjeka above, upstairs
hórka hill
hórki bitter
hórkosć bitterness
hornc jar, pot
horni kónc top
hórnik miner
hórniski mining
hórnistwo mining
horror horror
hory na sewjerje Šotiskeje Highlands
hospoda hostel
hospodar/ka (doma) landlord/landlad·
hospodarsce economically
hospodarski economic
hospodarstwo economy
hospodowar/ka warden
hósć guest

hosćenc inn; **hosćenc (z přenocowanjom)** guest house
hosćencar/ka landlord/landlady
hotel hotel
hotowy ready
howjaza pječeń roast beef
howjaze mjaso beef, roast beef
hozdźik nail
hra game, match, play n.; **hra w rólach** role-play
hrabinstwo county
hrajer actor, player
hrajerka actress
hrajka toy
hrajkanišćo court, playing field
hrajkitwarc toymaker
hrajnišćo court
hranica border, frontier; **(hornja) hranica** limit;
  hranica/mjeza chudoby poverty line
hrać act v.
hrěšnik za wšo scapegoat
hrěšny boran scapegoat
hród castle
hródź - (kruwjaca) hródź cow shed
hroch pea
hromadźe/dohromady - (wšo)
  hromadźe/dohromady altogether
hromadźe přińć hold a meeting
hromadźić collect v.
hrónčko rhyme, verse

hróšatko pea
hrózba horror
hroznosć ugliness
hrozny terrible, ugly
hrozyć threaten
hruby cruel, rough, rude
hry games
huba lip, mouth
hudźba music
hudźbnik musician
hudźbny music
humany human
humor humor
humoristiski humorous
hura! hurrah!
husto often
hustota frequency
husty (wobchad) heavy
hwězda star; **hwězdy a smuhi** (chorhoj USA) the Stars and Stripes
hwizd whistle n.
hwizdać whistle v.
hwižk whistle
hysterija hysteria
hysterisce hysterically
hysteriski hysterical

Ch

charakter character
charakteristiski characteristic
charakterizować characterize
charakterna kajkosć trait of character
charterowy/šarterowy lět charter flight
Chcu ... I'm going to
chcyć aim at; intend; want to
chemija chemistry
chemikalija chemical
chemikar chemist
chemiski chemical
chětro pretty; quite; quite a ...; rather; **chětro porjadny** fair
chěža house
chěžka cottage
chěžne durje front door
chiba except
chipsy chips
chłódny cool
chłódźak refrigerator
chłostanje punishment
chłostać punish
chlěb bread
chódnik pavement, sidewalk
chodźić walk v.
cholowy pants

chór choir
chorhoj flag
chorobna sotra nurse
chorobne awto ambulance
chorobny jězbny stoł wheelchair
chorobny wóz ambulance
chorosć illness, sickness
chorownja hospital
chort greyhound
chory ill, sick, sore, unhealthy; **chory być** be sick
chribjet back
chrobły brave
Chryst Christ
Chrystus Christ
chudoba poverty; **chudobna hranica/mjeza** poverty line
chudy poor
chutnje brać care about
chutny serious
chwalba praise n.
chwalić praise v.; **chwalić dla, za** praise for
chwatać be in a hurry, hurry up, race, rush
chwatk rush
chwatny restawrant fast food place
chwila while

I

idealistisce idealistically
idealistiski idealistic
idealny ideal
ideja idea, thought
identifikować - (so) identifikować z identify with
identita identity
ignoranca ignorance
ignorantny ignorant
ignorować ignore
ilegalny illegal
ilustracija illustration
ilustrować illustrate
image image
imaginacija imagination
imaginarny imaginary
imigracija immigration
imigrant immigrant
imigrować immigrate
imperij empire
import import n.
importer importer
importować import v.
Indian Native American
Indian/ka Indian
indianski Indian
Indičan/ka Indian

indirektny indirect
Indiska India
indiski Indian
indiwidualny individual
indiwiduum individual
industrialnik industrialist
industrielny industrial
industrija industry
industrijny industrial
influenca flu
informacija fact, information
informaciski centrum/běrow information center
informant informer
informatika computer studies
informelny informal
informować inform
inhumany inhuman
inch inch
iniciatiwnosć enterprise
inowacija innovation
insekt insect
instabilnosć instability
instalować install
instanca department
institucija institution
instrukcija instruction
instrukter instructor
instrument instrument

inteligentny intelligent
internat boarding school; **internatna šula** boarding school
interpretować interpret
interview interview n.
interviewer interviewer
interviewować interview v.
intoleranca intolerance
intolerantny intolerant
inwazija invasion
inženjer engineer
Ir Irish; Irishman/Irishwoman
Ira/Irka Irish, Irishman/Irishwoman
Irojo the Irish
Irska Ireland
irski Irish
Italčan/ka Italian
Italska Italy
italski Italian

J

ja I; **Ja bych móhł runje tak ...** I might just as well.; **Ja bych móhł tohorunja ...** I might just as well.; **Ja měnju, haj.** I think so.; **ja na twojim městnje** if I were you; **Ja to tež měnju.** I think so.
jabłuko apple

jako as; during; when; **jako by** pretend; **jako pojědź** for dessert; **jako prěnje** first; **jako wotmołwa** in reply to; **jako wuslědk/rezultat** as a result
jako/kaž by as if
jama cave
januar January
jara very; **jara (rady měć)** (like) very much; **jara - (so) jara (lubić)** (like) very much; **jara małki** tiny; **jara rady měć** like very much; **jara wulki** huge
jargon slang
jaskrawy bright
jasnje explicitly
jasny clear, explicit, fair, obvious
jastwo confinement, jail, prison
jatba confinement
jaty prisoner
jazz jazz
je is, there is/are
Je to tebi znate? Does this ring a bell?
je/su móhł/móhli could
jeans jeans
jebać cheat sb. of sth.
jedna a (article); another
jednanje přećiwo trial of
jednać act. v.; **jednać z** do business with
jedne a (article), another
jednora jězdźenka single ticket

jednorje just, simply
jednory ordinary, simple, single
jednota unit
jednotliwy dom detached house
jednu minutu z busom/z awtom a one-minute ride by bus/car
jedyn a, an (article), another; **jedyn druheho/druhemu a pod.** each other; **jedyn swój** one/one's
jeho him, his, its
jej her
jeje her, hers, its
jejo egg
jeleń deer
jeli if; **jeli bych ja ty był** if I were you; **jeli/hdyž móžeš so tomu wuwinyć** if you can help it; **jeli/hdyž móžeš to wobeńć** if you can help it
jemu him
jenakosć equality
Jendźelčan/ka Englishman/Englishwoman
Jendźelčenjo the English
jendźelsce in English
Jendźelska England
jendźelski English
jenički single, the only
jenož but, just, only
jewišćo stage

jewišćowe wobswětlenje spotlight
jědojty poisonous
jědź food, meal
jědźernja dining room; **jědźernja (w šuli)** canteen
jědźna karta menu
jědźny edible; **jědźny lisćik** menu
jěchanje ride n.
jěchar rider
jěchać ride v.
jěrki bitter
jěrkosć bitterness
jěsć eat; have
jěć go, ride, travel v.; **jěć/hić přez** pass through
jězba journey, ride, tour, travel, trip; **jězba - (awto)jězba** drive
jězbna dowolnosć driver's license
jězbna płaćizna fare
jězbne pjenjezy fare
jězbny plan schedule
jězbu z busom činić go on a bus tour
jězbu z přewodom činić go on a guided tour
jězdźenka ticket; **jězdźenka za wróćojězbu** return ticket
jězdźer rider
jězdźidło vehicle
jězdźić run
jězdźić po tour

jězor lake
jich their, theirs, them
jim them
job job
joghurt yoghurt
jogować jog
jónu once
jow(le) here
ju her
judo judo
juh south
julij July
junij June
junior junior
juniorski junior
jurist/ka lawyer
juška sauce; **(pječenjowa) juška** gravy
jutrownik April
jutry Easter, at Easter
jutře tomorrow**; jutře rano** tomorrow morning
jutřiša nowina tomorrow's paper
jutřiše nowiny tomorrow's paper
juwel(e) jewel(s)
južnje - (hnydom) južnje wot just to the south of
južny southern

K

k to, towards; **k dispoziciji stejacy** available; **k jědźi być** edible; **k jutram** at Easter; **k lěpšemu někoho** in sb.'s favor; **k narodninam** for sb.'s birthday; **k narodninam někoho** for sb.'s birthday; **k snědani** for breakfast; **k tomu** beyond; **k wobjedu** for lunch

kadla guy

kafeterija cafeteria

kachle heater, stove

kai pier

Kajke prašenje! What a question!; **Kajke to je?** What's it like?

kajki what; **Kajki (datum) dźensa je?** What date is it?

kajkižkuli whatever, whichever

Kajku barbu ma ...? What color is ...?; **Kajku barbu ma ...?** What color is ...?; **Kajku wulkosć maš/maće?** What size do you take?

kak as, how; **Kak (to) wupada?** What's it like?; **Kak by było (z) ...?** What about ...?; **Kak na času je?** What time is it?; **Kak je twoje mjeno?** What's your name?; **Kak jeho mjenuješ/mjenujeće?** What do you call him?; **Kak pozdźe je?** What time is it?; **Kak rěkaš?** What's your name?; **Kak so ći lubi ...?** How do you like ...?; **Kak so mjenuje ...?** What do you call ...?; **Kak so tebi dźe?** How are you?; **Kak stary sy?** How old are you?; **Kak to je?** What's it like?; **Kak to wupada?** What's it like?; **Kak wjele?** How many?; How much?

kakaw cocoa
kalender calendar
kamel camel
kamera camera
kamjeń rock, stone
kamor cupboard
kampanja campaign
Kanada Canada
kanadiski Canadian
Kanadźan Canadian
kanal (kumštny, twarjeny) canal
kancler chancellor
kandidat candidate
kanister canister
kanon round
kantina canteen
kanu canoe
kapała band, orchestra
kapitan captain
kapitulacija surrender n.
kapitulować surrender v.
kapsa pocket
kapsna lampa flashlight

kapsne pjenjezy pocket-money
kapsny ličak calculator
karate karate
karawan caravan, motor home, trailer
kariera career
karota carrot
karta card, map
kaseta cassette
kasetowy rekorder cassette-recorder
kašel cough
katalog catalogue
katalyzator catalytic converter
katastrofa disaster
katedrala cathedral
katolik/katolikowka Catholic
katolski Catholic; **(romsko-)katolski** Roman Catholic
kazanja directions (*pl.*)
kazyć spoil
kaž as, like
kaž no sooner than
kažkuli however
ke komu towards sb.
ke kóncej přińć come to an end
kedźbliwosć attention
Kedźbliwy careful
kedźbnosć attention
kedźbować na look after, make sure

Kedźbu, pasle! trouble spot
keks biscuit
Kelko to płaći? How much is it?
Kelko? How many?; How much?
keltiska rěč Celtic
keltiski Celtic
Keltojo the Celts
kemše church; **kemši chodźić** go to church
kenguruh kangaroo
kerk bush
ketchup ketchup
keyboard keyboard
kěrchow graveyard
kidać pour
kij stick
kilo kilo
kilometer kilometer
kilt kilt
kino cinema, movie theater; **do kina hićgo** to the movies
kiosk fast food place, snack bar
kisały sour; **kisały dešć** acid rain
kisnyć go sour
kista box, case
kiwać wave
klanka doll
klasa class
klawěr piano

klepanje knock n.
klepać knock v.
klětka cage
klika crowd
klima climate
klimatiska připrawa air-conditioning
klinčeć sound v.
klinkačk bell
klišej cliché
klóšter abbey
klub club
kluč code, key
kłobuk hat
kłok arrow
kmanosć ability, fitness
kmany able, fit; **kmany być** be able to
kmjen nation
kmjen tribe
kmjenowy tribal
kniha book
knihownja library
knižka booklet
knježerstwo government
knježić govern, rule; **knježić nad kim/čim** dominate
knježićel ruler
knježna Miss
knjeni madam; **knjeni/knježna** lady
knjez lord, sir

knjez/knjeni/knježna *(neutralna naręč - tež knjeni)* Mr/Mrs/Ms
knotwišćo molehill
know-how know-how
koalicija coalition
kóčka cat
kode code
kofej coffee
kofejownja café
kofer case, suitcase
koho who, whom, **koho wot čeho zatrašić** discourage sb. from doing sth.
kokoš chicken
kołbasa sausage
koło bicycle, bike, wheel; round
kołowokoło around
koláža collage
kolebka cradle
koleg college
kolega colleague
koleno knee
koleskaty stoł (za zbrašenych) wheelchair
koleso bicycle, wheel
kolesować cycle, go by bike
kolokacija collocation
kolonialny colonial
kolonija colony
kolonist colonist

koma comma
kombiklěšće pliers
kombinacija combination
kombinować z combine with
komentar k comment about/on
komentować comment about/on, make a comment
komfortabelny comfortable
komiski funny
komplikowany difficult, tricky
kompliment činić compliment v.
kompot dessert
kompozitum compound (word)
komputer computer
komu who, whom; **Komu (to) słuša?** Whose is it?; **komu klubu činić** play a trick; **komu napřećo** towards sb.
komuna community
komunicěrować communicate
komunist communist
komunistiski communist
komunizm communism
kóń horse
kónc bottom, end, ending; **kónc tydźenja** weekend, on the weekend; **kónc tydźenja** on the weekend(s)
koncentracija concentration
koncert concert
kóncowacy punishing

kóncowka ending
kónčina area, district
kónčić - (so) kónčić cease, end
kondicija fitness
konferenca conference
konflikt conflict
konfrontować so z čim encounter sth.
konfrontowany być z kim/čim be faced with sb./sth.
konfusija confusion
konik pony
konjaca móc horse power
konjacy wóz wagon
konkurenca competition
konopej sofa
konsekwenca consequence
konserwa tin
konserwatiwny conservative
konsonant consonant
konstitucija constitution
konstrukcija structure
konstrukter designer
konstruować construct, design v.
konsument consumer
kontainer container
kontakt contact
kontaktliwy outgoing
kontekst context
kontinent continent

kontrahent rival
kontrakt contract
kontrast contrast
kontrola check, control
kontroler jězdźenkow ticket-inspector
kontrolować check, control v.
konwersacija conversation
kooperować cooperate
kopanje kick n.
kopańca football
kopać dig, kick v.
kopěrować copy v.
kopica mass (of)
kopnjenje kick n.
kopyto hoof
korb basket
korčma bar, inn
korektny correct
korigować correct v.
korjeń root
korupcija corruption
kosmonawtika space travel
kostim costume
koš basket
košla shirt, T-shirt
kóšty cost
kotra what, which

kotraž who, that; **Kotre słowo so tu (nutř) njehodźi?** Odd one out!
kotrež that, what, which, who, whom
kotrehož whom
kotremuž/kotrejž whom
kotruž whom
Kotru wulkosć maš/maće? What size do you take?
kotryž that, what, which, who
kotryžkuli whichever
kotřiž that, which, who
koža leather, skin
kóžde lěto yearly
kóždy all, each, every, everybody, everyone; **kóždy štwórty** one in four; **kóždy z** was all of you
kóždyžkuli any
kradnyć steal
kraj country; countryside, land
krajina area, countryside, landscape, region; **(rjana) krajina** scenery
kral king
kralestwo kingdom
kralowna queen
kralowski royal
kran crane
krasny delicious, lovely, magnificent
krawal riot
krawata tie

krawc tailor
kreatiwny creative
kredit credit
krej blood
krema cream
kricket (hra) cricket
kriminelny criminal
kristalowa kula crystal ball
kritisce critically
kritiski (napřećo) critical (of)
kritizować (dla) criticize (for)
kriza crisis
krjepjawa watering can
kročić step v.
krok step; **krok po kroku** gradually
kroma edge; **kroma (města)** outskirts
króna crown
krosnjer climber
krosnowanje rock-climbing
krosnowar climber
krótke cholowy shorts
krótki short; **krótki puć** a one-minute walk
krótkojězbu činić go for a ride
krótkopowědančko short story
krótkowidny short-sighted
kruh circle, ring n.
kruch piece

kruta słowna skupina z werbom a adwerbom
phrasal verb
krute přistajenje a regular job
krute/stajne dźěło a regular job
krutosć strictness
kruty strict, strong, tough
krućić harden
kruwa cow
kružki extra-curricular activities
kryda chalk
křesło armchair
křesćan/ka Christian
Křesćanski Christian
křidło wing
křik scream, shout
křiwda insult n.
křiwdźacy offensive
křiwdźenje insult n.
křiwdźić insult, offend
křiwica bend, turn n.
křiwizna bend
křižowanišćo a crossroads, intersection
křižować cross v.
křćić name v.
kubłanje education
kubłanski educational
kubłać educate
kubło farm

kuchar cook
kuchinske kachle cooker, stove
kuchinske zelo herb
kuchnja kitchen
kukurica corn
kulić role-play
kulisa setting
kulka (třělby) ball; **kulka (z pistole etc.)** bullet
kulojty round
kultura culture
kulturelny cultural
kulturny cultural
kumšt trick
kumštny artificial, man-made
kupa island; isle; **kupa (sylzow)** the island of (tears)
kupanišćo swimming-pool
kupanje bath
kupanske cholowy swimming trunks
kupanski basenk swimming-pool
kupanski woblek bathing suit
kupc/kupcowka customer
kupić buy
kupjel bath
kupjelnja bathroom
kupnica store, department store
kur smoke n.
kurić - (so) kurić smoke v.
kurs course, route, set n.

kusk a bit, a little, piece; **kusk cokora** sugar lump
kuzenk cousin
kuzina cousin
kuzłanje magic
kuzłar/ka magician
kuzłarski magic
kuzłarstwo witchcraft
kuzłać magic
kwadrat square
kwadratiski square
kwadratny square
kwalifikacija qualification
kwalifikacija skill
kwalita quality
kwas wedding
kwětka flower
kwoli činić komu što do sb. a favor
kyrk throat

ł

łahodny gentle
łamać/wułamać što break open
łaćonski Latin
łaćonšćina Latin
łódź boat, ship
łódźstwo fleet

łopjeno leaf
łoskoćiwy tricky
łožo bed
łuka field
łža lie n.
łžeć lie v.
łžica spoon

L

laboratorij laboratory
lačnosć thirst
lačny być be thirsty
lado waste ground
lady lady
lampa lamp
lapa cloth
lapka cloth
law lion
layout layout
legalizować legalize
legalny legal
legenda legend
legendarny legendary
lekcija unit
leksikon encyclopedia
leć pour

lećeć fly v.
ležaca smužka dash
ležeć lie v.
ležownostnik landowner
lědma hardly, rarely; **lědma ...** no sooner than
lěhwo camp
lěkar doctor
lěkarski medical
lěkarstwo medicine
lěni lazy
lěnjosć laziness
lěpje better
lěpšina advantage
lěs forest, wood
lět flight
lět stary year-old
lěta 1980 in 1980
lětadło plane
lětadłowy póst air mail
lětanišćo airport
lětać fly v.
lětnik grade
lětny aged; annual, year-old
lětnje yearly
lěto year
lětstotk century
lěćo summer

lěwy left
lězć climb v.
liberalist liberal
liberalny liberal
licenca license
ličba figure
ličić count
liferant/ka supplier
lift lift
limit limit
limonada lemonade
lineal ruler
linija line
linka line
lisćina list n.
list letter
listowy kašćik letter-box
liška fox
liter liter
literarny literary
literatura literature
lobby lobby
lochkoatletika athletics
lód ice
lodojty icy
lodowy icy
lodźany icy

logiski logical
lochki easy, light adj.
lokal restaurant
lokalny local
lokomotiwnik driver; engineer
lord lord
loyalnosć napřećo loyalty to
lózysce wotmołwić answer back
lubje/přećelnje wot tebje/was kind of you
lubosć love n.
lubować be fond of, love v.
lubozny lovely
lubšo měć like better
luby dear
lud nation, people
ludowy ethnic; **ludowy spěw** folk song
ludźo man, people
lupa magnifying glass
lutowarnja bank
lutować save

M

magacin magazine
magija magic
magiski magic
Maja jeho za mortweho. He is considered to be dead.

maksimalna spěšnosć top speed
małe nakładne awto van
mało few, little
małuški tiny
mały little, small, gentle; **mały** *(po postawje)* short-sighted; **mały restawrant/hosćenc** café
mały róžk February
maličkosć detail
Mam wotpohlad ... I'm going to
Mam/mamy ...? Shall I/we ...?
manager manager
managować manage
mandźelska/mandźelske wife
mandźelskaj couple
mandźelski husband
mandźelstwo (z) marriage (to)
marathon marathon
marmelada jam
maršěrować march v.
masa mass (of); **masa (ludźi)** crowd
masaker massacre
mašina engine, machine
mašinerija machinery
mašinotwar engineering
mašiny machinery
matematika math
material material
matroza sailor

mać mother
maćerka mom, mummy
maći mummy
mazać - (na)mazać rub
mazany dirty, muddy, untidy
meble furniture
meblowy wóz moving van
medicina medicine
mediciniski medical
medije the media
medikament droga
mechanikar mechanic n.
mechaniski mechanic adj.
meja May
melodija tune
menujcy you see
metal metal
meter meter; **50 metrow docpěć (běžeć, mjetać, jěć atd.)** do 50 meters
metoda technique
metro subway
Měj dźak. Thanks.
Měj so rjenje! Have a good time.
Měj so rjenje. See you soon.
Měj/mějće so rjenje! Bye!
měna currency
měnić mean, suppose, think; **měnić k** think of**;** **měnić, zo** hold the opinion that; hold the view

that; **měnjenja być, zo** hold the opinion that, hold the view that

měnjenje mind, opinion, point of view, statement, view

měnju ... I guess

měr peace, silence; **měr zachować** keep the peace

měra *(něhdźe 30,5 cm)* foot

měra measurement

měrc March

měrjenje measurement

měrliwy peaceful

měrnje silently

měrny calm, easygoing, peaceful, quiet

měsac month

měšćanosta mayor

měšćanska rada town/city council

měšćanska wulkopřestrjeń metropolitan area

měsačk moon

měšeńca mixture; **měšeńca - (pisana) měšeńca** mixed bag

městno jednanja setting

městno k sedźenju seat

městno place, scene, site, space, local, city

město city, town

město koho/čeho rather than

město toho instead; **město toho zo** instead of

měć to be, contain, have, have got; **měć wotpohlad** aim at; **měć za** consider

měznik landmark

mi me; **Mi je zyma/horco.** I feel cold/hot.; **Mi so derje dźe.** I'm OK.; **Mi so derje wjedźe.** I'm all right.

mikrofon microphone

mikstura mixture

mila mile; **7 milow (daloko)** for seven miles; **mile na hodźinu** mph (miles per hour)

milimeter millimeter

milina electricity

milinarnja power station

milion million

milnik milestone

mineralije minerals

minister (**USA**) secretary

ministerstwo department

minus minus

minuta minute; **minuta pěši** a one-minute walk

mišter champion, master n.

mjaso meat

mje me

mječ sword

mjedwjedź bear

mjechki soft

mjelčo soft

mjenje less

mjeno image, name, reputation; **mjeno dać** name v.; **mjeno dróhi/hasy** the name of the street
mjenować call, mention, tell
mjeńšina minority
mjerzacy annoy
mjerzaty annoy
mjetać throw
mjetańca handball
mjez among, between; each other
mjeztym in between; **mjeztym zo** during, while
mjeztymny temporary
mjezwočo face
mjezynarodny international
mła fog
młodostni rough-looking kids
młodostny kid, teenager; teenage
młodownja youth hostel
młody young, youthful
młodźina youth
młodźinski *(hlej teenager)* teenage, junior, youthful; **młodźinski klub** youth club
mloko milk
mnje me
mnoho much
mnóstwo amount, lots/a lot (of), mass (of)
mobilita mobility
móc may; power, force; **móc wody** water power; be able to, can v.

mócnarstwo empire
mócny powerful, strong; **(wšeho)mócny** (al)mighty
moda fashion, style, model
modernizować modernize
moderny modern, up to date
modlitwa prayer
módry blue
moglować cheat sb. of sth.
mój mine, my; **Mój božo!** Well.; **Mój časnik wopak dźe.** My watch is wrong.; **Mój časnik prawje dźe.** My watch is right.; **Mój jej! Mój božo!** Oh dear!
mokry wet
moler painter
molować paint v.
moment moment
monarchija monarchy
monitor monitor
monster monster
montažny pas assembly line
monument monument
moped moped, motorbike
moraliski moral adj.
moralka moral adj.
mordar murderer
mordarstwo murder n.
mordowanje massacre
more wjace moral

morchej carrot
morić murder v.; **morić (hłownje z politiskich přičin)** assassinate, kill
morjenje killing, murder n.
morjo sea
mortwy dead
morwy dead
motel motel
motiw motive
motiwěrować motivate
motor engine
motorske motorcycle
mórski law sea lion
mórsku chorosć měć seasick
móst bridge
Móžeš prajić, zo ... one can say that
móžno possible; **móžno (zo)** maybe
móžnosć possibility; **(dobra) móžnosć** opportunity
móžny possible
Móžu lědma dočakać. I can't wait.
mróčel cloud
mróčelak skyscraper
mudrosć cleverness
mudry clever, wise
murja wall
muski male
muslim/ka Muslim
muslimiski Muslim

mustwo team
muzej museum
muž husband; male; man
my we
mydło soap
myjernja washroom
mylenje accident
myleny troubled
mylić annoy, disturb
mysl idea, thought
myslene/měnjene jako meant as
myslić think; **myslić na** think of; **Myslu tež tak.** I think so.
Myslu sej ... I guess
myš pl. myše mouse
myto prize
mytowanje reward
mzda income, pay, salary, wages

N

na on; per; **na (koleso) zalězć** get on; **na ... (horje)** onto; **na běžnym być** keep up to date;
na běžnym być/wostać keep up to date; **na dróze** in the street; **na dróze/hasy** in/on the street; **na druhi bok** across; **na druhim boku wot** beyond; **na dźěło hić** go to work; **na dźěle**

at work; **na efektiwne wašnje** efficiently; **na foće/fotografiji** in the photo; **na hasy "Albert Road" čo. 22** at 22 Albert Road; **na jutrach** at Easter; **na kóždy pad** anyway; **na kóncu** at last; **na kóncu** at the end; **na kóncu** at the end, in the end; **na kóncu być** be broke; **na kóncu** finally; **na kóncu tydźenja** on the weekend(s); **na kraju** in the country; **na lěwym boku** on the left; **na lěwym/na prawym boku** on the left/ right; **na łódźnej łubi** on deck; **na najnowšim stawje wostać** keep up to date; **na něšto kedźbować** pay attention to sth.; **na něšto myslić** have sth. in mind; **na nohach wostać** stay up; **na př.** for example; **na podawkach bohaty** eventful; **Na pój/pójće!** Come on.; **na polach** in the fields; **na polu** in the fields; **na póndźelach** on Mondays; **na prawym boku** on the right; **na prěni pohlad** at first glance; **na probu so woblěkać** try on; **na prózdninach** on vacation; **na prózdniny hić** go on vacation; **na přeco** for ever; for good; **na předań** for sale; **na přikład** for example; **(kaž) na přikład** such as; **na puću** in the way; **na rozdźěl wot** unlike; **na slědowace wašnje** like this; **na spočatku** at first; **na spočatku** first; **na swěće** in the world; **na tajke wašnje** like that; **na telefon hić** answer the telephone; **na twojich narodninach** on your birthday; **na wobrazu** in the picture; **na**

wobrazu/foće in the picture/photo; **na wonym popołdnju on** that afternoon; **na wopyće** on a visit; **na wopyće pola** on a visit to; **na wšelake wašnje** in different ways; **na wsy** in the country; **na wuchod** face east; **na wuměnk hić** retire; **na wuměnku** retired; **na zakładźe** be based on; **na zakładźe** on the basis of; **na zakładźe** on the basis of; **na zbožo** fortunately; **na zbožo** luckily; **na zymnym wječoru** on a cold evening; **na žadyn pad** in no way; **na žadyn pad** on no account; **na žadyn pad** under/in no circumstances; **na žane wašnje** under/in no circumstances; **na/po mojim/swojim puću** on my way; **na/při přibrjoze** on the beach

nabožina religion; **nabožina** *(předmjet)* religious education

nabožny religious

nacija nation

nacionalizować nationalize

nacionalny national

načasny modern, up to date

nad above, over

nadawk challenge, function, task

nadběh attack, rush n.

nadbytk profit

nadobny noble

nadpad raid (on), riot

nadpadnyć a wurubić mug

nadpadnyć attack, raid v.
nadróžna tram
naduty arrogant
nadźěłać make
nadźija hope n.
nadźijepołny hopeful
načolnik chief
nahlad view
nahladnosć reputation
nahle suddenly; **nahle zastać** break off
nahrać (hudźbu) record
nahłowne słuchatko headset
nahłownik helmet
nahły sudden
nachwilny temporary
najbóle most; **najbóle južny** southernmost; **najbóle rozbudźacy** the most exciting
najhubjeńši (the) worst
najědźeny być be full
najlěpša best
najlěpše best
najlěpši best
najlubši favorite
najmjenje least
najmjeńši least
najnowši latest, recent
najpozdźišo at the latest
najprjedy first

najradšo měć like best
najskerje likely
najsnadniši least
najšpatniši (the) worst
naju our/ours, us
najwjace most
najwyša spěšnosć top speed
najwyše highly
najzašo w 6.00 hodź. not till six
najzdaleniši farthest
nakładne awto truck
nakładować load v.
nakup(owanje) shopping
nakupowanišćo supermarket
nakupowanske pasmo shopping precinct
nakupowanski centrum supermarket
nakupować do the shopping; **nakupować hić** go shopping
nalada spirit
naležnosć concern, issue, matter
nalěćo spring
nalětnik March
naleto in the spring
nalěwo left (past tense *leave*); on the left
naličić list v.
nalutowany/dewizowy kurs exchange rate
nałožk custom

nałožować use v.; **nałožować na** apply to;
nałožować móc na apply to
nałžeć lie to sb.
nam us
namakać discover, find, find out, reveal
namakanske myto reward
naměsto place, square
namjet proposal, suggestion
namóc power, violence
namócny violent
namolowanje sćěnow graffiti
namórnik sailor
nan father
nan(k) dad(dy)
napisać put down, write down
napjatosć tension
napjaty tense
napoł jědnaćich half past ten
napohlad appearance, sight
napoj drink
naposledk at last
naprašnik questionnaire
naprašowarnja Information Center
napřećiwny opposite
napřećo opposite; yonder; **napřećo komu/čemu** anti- anti-,; **napřećo stajić** contrast sth. with
naraz suddenly
naręč speech**; naręč dźeržeć** give a speech

naręčeć koho address v.
narod nation. People; **narodna hymna** national anthem
narodniny birthday
narodnosć nationality
narodny national
narok claim; **narok (na)** claim (for/on)
narosć grow up
nas us
naspomnić mention
nastać come out, form
nastaće origin
nastawk essay
nastupać affect, concern for
nastupišćo platform
naš our/ours
natočić record
natwarić put up
natykany crowded
naćisk design; **naćisk zakonja** bill
naćiskizhotowjer designer
naćisnyć design v.
nawěšk advertisement
nawjedować guide, lead v.; **nawjedować (organizaciju)** head v.; **nawjedować (firmu, wobchod atd.)** manage a firm
nawjedowanska móc manager
nawjedowar chief

nawoči glasses
nawod guidance, instruction
nawoda młodownje warden
nawoda/nawodnica boss, manager, leader
nawopačne opposite n.
nawopačny opposite
nawrót return
nawrótna jězdźenka return ticket
nazhonić expert
nazhonjenje experience
nazyma autumn, fall
nazymnik November
nazymnjeny być have a cold
nazymu in the autumn
nažel I'm afraid.
negatiwny negative
nerwozita nervousness
nerwozny nervous, tense
nerwy nerves
ně no
něhdźe about; anywhere; circa (c.); just about; somewhere; **něhdźe tu** around here; **něhdźežkuli** anywhere; **něhdźe dóńć** get
něhdy jónu once
něhdyši ex–, former
něhdźe someplace
němc/Němka German

něchtó somebody/someone, anybody/anyone;
Něchtó ma so derje. It's all right for sb.
něchtóžkuli any, anybody/anyone
někak about, circa, in a way, just about, somehow
někoho/něšto chutnje brać take sb./sth.
někoho do spara kolebać send sb. to sleep
někoho k čemu činić make sb. sth.
někoho k něčemu přeręčeć persuade sb. to do sth.
někoho norić play a trick
někoho nuzować něšto činić make sb. do sth.
někoho strowić (dać) send/give one's love to sb.
někoho wo něčim přeswědčić persuade sb. to do sth.
někomu dać give to sb.
někomu klubu činić play a trick
někomu na čuwy hić get on sb.'s nerves
někomu přikazać něšto činić order sb. to do sth.
Někomu so derje wjedźe. It's all right for sb.
někomu wupowědźić give sb. notice
někomu zmužitosć brać deflate sb.'s ego
někotři a couple of, some; **někotři wjace** some more
někotra some
někotre a couple of, a few, a number of, some, some more
někotry some
Němska Germany
němski German

něšto a bit; few, some more, something; **něšto cyle wěsće činić** be sure to do sth.; **něšto činić** busy; **něšto činić** choose to do sth., manage to do sth.; **něšto činić chcyć** mean to do sth.; **něšto činić měć (z)** be involved (in); **něšto činić měć** be supposed to; **něšto dale činić** keep doing sth.; **něšto dale wjesć** take sth. up; **něšto derje činić** do well; **něšto dobrowólnje činić za** volunteer for; **něšto docpěć** make it; **něšto ma być/eksistować** be supposed to; **něšto měć přećiwo čemu** mind; **něšto na kóždy pad měć chcyć/trjebać** be dying for sth.; **něšto na najnowši staw přinjesć** brush sth. up; **něšto na někim lubować** like sth. about; sb.; **něšto napisać** note sth. down; **něšto pola někoho rady měć** like sth. about sb.; **něšto prawdźepodobnje niečinić** be unlikely to do sth.; **něšto prawdźepodobnje/po wšěm zdaću činić** be likely to do sth.; **něšto přesadźić** manage to do sth.; **něšto radšo činić** choose to do sth.; **něšto syte měć** be tired of; **něšto wobkedźbować** pay attention to sth.; **něšto z wěstosću činić** be sure to do sth.; **něšto z wotpohladom činić** mean to do sth.; **něšto za dźěło měć** busy

něštožkuli any, anything

nětčiši present

nětko well; **nětko** now, at the moment; **Nětko ty.** It's your turn.

něžny gentle

nic- non-, not; **nic ćuć móc** dislike; **nic dlěje** no longer; **nic do 6.00 hodź.** not till six; **nic do 6.00 hodź.** not until six; **nic žehlić** non-iron; **nic jenož** ... not only ... but also; **nic jenož ..., ale tež** not only ... but also; **nic naposledk(u)** last but not least; **nic wjace** no longer; **nic wjace** no longer; **nic wjace** no more; not ... any more; **nic wjace** not any more/no more; **nic ze železa** non-iron

ničo nothing; **ničo hač** but; **Ničo k dźakowanju.** You are welcome.; **ničo** not ... anything; **ničo wjace** not ... any more; **Ničo wo to.** It doesn't matter.

nihdy never; **nihdy na nihdy** under/in no circumstances; **nihdy nanihdy** on no account

nihdźe nowhere, not ... anywhere; **nihdźe hač** but

nichtó not ... anybody, not ... any, nobody/no one; **nichtó wjace** not ... any more

nimale almost, just about, nearly

Nimam žane zdaće. No idea.

Nimamy žadyn bencin wjace. We've run out of petrol.

nimo except, apart from; over, past; **nimo być** be over; **nimo hić/jěć** pass; **nimo hić/jěć** pass by; **nimo přińć** come over; **nimo toho** beyond;

nimo toho furthermore; **nimo/wyše toho** additionally
niski low
niwow standard
Nižozemjan/Nižozemjanka Dutchman/-woman
Nižozemjenjo the Dutch
Nižozemska Holland
nižozemski Dutch
nje- non-
njebjo sky
njebudźe won't = will not
ječłowjeski inhuman
Nječiń sej žane starosće! Don't worry.
njedawno not long ago, recent
njedobrowólnje involuntary
njedorozumić misunderstand
njedorozumjenje misunderstanding
njedospołny incomplete
njedostatk lack (of), shortage
njedwělomnje undoubted, undoubtedly
njedychać (krótki čas) hold one's breath
njedyrbjeć needn't
njedźela Sunday
njedźiwajcy čeho in spite of
njeeksistowacy imaginary
njefairnosć unfairness
njehladajo na in spite of, still
njehladajo/njedźiwajo na in spite of

njech let's
njecha won't = will not
njejapcy suddenly
njejapki sudden
njeje ain't (is not)
njejědźny inedible
Njejsym toho měnjenja. I don't think so.
njekmany unable
njekomfortabelny uncomfortable
njekompletny incomplete
njekomplikowany easy
njekubłany ignorant
njelěpšina disadvantage
njemdrosć rage
njemdry na mad at
njeměć shan't = shall not
njeměr trouble
njeměrny restless; **njeměrny być** be concerned about
njemóc cannot
Njemóžemy to při najlěpšej woli činić. We can't possibly do it.
Njemóžeše absolutnje ničo widźeć. He could not see a thing.
njemóžny impossible
njemyslomny unthinkable
Njemyslu tak. I don't think so.
njenadźity sudden

njenarodźeny unborn
njenormalny unusual
njeparujomny essential
njepłódny infertile
njeporjadk confusion
njeporjadny untidy
njeposrědkujomny (na dźěłowe městno) unemployable
njepraktiski impractical
njepodnurjomny unsinkable
njepředstajomny unimaginable
njepřećel enemy
njepřećelnosć unfriendliness
njepřećelski hostile
njepřistojny rude
njepřitomny absent
njerealny unreal
njerjad dirt
njerozłamajomny unbreakable
njerunoprawnosć inequality
njerunosć inequality
njeruny *(ličba)* uneven
njeskutk crime
njesměć cannot, mustn't, shall not
njesměrnje extreme
njespokojacy unsatisfactory
njesprawnosć unfairness
njesprawny unjust

njesprócniwy restless
njespušćomny unreliable
njestrašny harmless
njestrowy unhealthy
njesć carry
njesćerpnosć impatience
njesćerpny impatient
njesystematisce unsystematically
nješkódny harmless
njetalentowany unable
njetolerantny intolerant
njetrjebać needn't
njewěda ignorance
Njewěm. No idea.
njewěrjomny unbelievable
njewidźomny invisible
njewinowaty innocent
njewjedro storm
njewobeńdźomny unavoidable
njewočakowany unexpected
njewólnik/njewólnica slave
njewólnistwo slavery
njewosobinski impersonal
njewotmołwjomny unanswerable
njewotwisnosć wot independence from
njewotwisny independent
njewšědnje greatly
njewurjekujomny unpronounceable

njewuspěšny unsuccessful
njezabudźomny unforgettable
njezakonski lawless
njezaměrnje wužiwać misuse
njezamołwity irresponsible
njezamołwjomny irresponsible
njezbožo crash, disaster; **(wobchadne) njezbožo** accident
njezbožownje unfortunately
njezbožowny miserable, unhappy; **njezbožowny dźeń** unlucky day
njezdwórliwosć impoliteness
njezdwórliwy impolite
njeznaty unfamiliar, unknown
njeznjesliwy unbearable
njezrumowany untidy
njezwučeny unfamiliar, unusual
Noachowa archa Noah's ark
nóc night; **nóc před swjedźenjom Wšěch swjatych** Halloween; **nócny woblek** pajamas
noha leg
nohajca sock
nochce won't = will not
non- non-
norma norm
normalita normality
normalnje normally
normalny common, normal, ordinary, usual

Normanna Norman
normanniski Norman
nós nose
nosyć (drastu) wear
nota note n.
notica note n.
nowember November
nowina newspaper, paper
nowiny roznošować do a paper round
nowosć innovation
nowosće news
Nowoseelandska New Zealand
nowoseelandski New Zealand
Nowoseelandźan/ka New Zealander
nowostka innovation
nowota innovation
nowy new
nožicy scissors
nóž pl. nože knife
Nó, a? So what?
nukl rabbit
nula naught; zero
nurjak diver
nutř hić go in
nutř in, indoors; **nutř smalić** storm into
nutřka in, indoor(s), inside
nutřkokrajny inland
nutřkowne interior

nutřkownosć interior
nuza shortage
nuzne měć be in a hurry
nuzować force
nyganje nod
nygać nod v.

O

objekt object
ocean ocean
oconowa woršta ozone layer
oficialny official
oficěr officer
okay okay
oktober October
okupant invader
omelet omelet
opera opera
operacija operation
opozicija přećiwo opposition to
optimistiski confident
oranža orange
organizacija organization
organizować have a race; organize
orchester orchestra

original original
originalny original

P

pacient patient
Pacifik Pacific
Pacifiski ocean Pacific
pacifiski Pacific
padlować canoe v.
padlowak canoe n.
padnyć fall v., fall over; **(dele) padnyć** fall off;
    padnyć dać drop
paduch/padušnica/paduchojo thief
pak however; **pak ... pak** either ... or
paket package
pakćik package; **pakćik (čeho)** package of
palast palace
palc thumb
pamplmuza grapefruit
pana *(při awtowej wobruči)* puncture
panika panic n.
paniski panic
panu měć break down
papagaj parrot
papagajik budgie
papjera paper

para steam
parada parade
paragraf paragraph
paralela parallel
paralelny parallel; **paralelny k** parallel to
park common; park n.
parkować park v.
parkowanišćo- (wulke) parkowanišćo parking lot
parkowanski dom parking lot
parlament parliament
parnišćowy efekt greenhouse effect
parola slogan
parować koho/što miss
partner partner
party party
pas passport
pasaža passage
pasažěr passenger
pasle trap
pasmo precinct, zone; **pasmo/cona za pěškow** pedestrian precinct
pasteta pie
patoržica Christmas Eve
paćer prayer
pawk spider
pazorki quotation mark
pedagogiski educational
pedal pedal

pensija guest house; pension
perfekt perfect
perfektny perfect
perioda period
personalny komputer personal computer
pěsk sand
pěskojty sandy
pěskowy sandy
pěstonić (dźěći) take care of
pěstowanje day care
pěši on foot
pěšk pedestrian
piano piano
pica food
picknick picnic
picknickować have a picnic
picować feed
pier pier
piła saw
pilny hard-working
pinca cellar
pinčnica waitress
pinčnik waiter
pinguin penguin
pink pink
pirat pirate
pisak pen
pisana měšeńca mixed bag

pisanje/pisać z mašinu typing
pisanosć variety
pisanska mašina typewriter
pisanske blido desk
pisany colored, colorful
pisar/ka typist
pisać spell; **pisać na** write to; **pisać (hdźe/komu/na koho**) write (to)
pismik letter
pismikować spell
pisomne zamołwjenje note n.
pista track
pić have
piće drink
piwo beer
pizza pizza
pjasćowanje boxing
pjasćować box v.
pjatk Friday
pjaty fifth
pjekar/ka baker
pjelnić - (na)pjelnić fill v.
pjelnjak pen
pjenjez coin, cash, money
pjenjezy zasłužić make money
pjenježny financial
pjero feather, pen
pjerowka pencil-case

pjeršćeń ring n.
pjeć ... razow time(s)
pjećina fifth
płachta sail
płachtakować sail v.
płakać cry
płašć coat
płat cloth
płatanski grat repair kit
płatanski naporjadk repair kit
płaćić cost, pay v.; **płaćić za** apply to, pay for
płaćizna cost, price
Płaću sam. I pay for my own.
płódna *(zemja)* rich
płódny fertile
płokajomny washable
płokanska mašina washing machine
płokać wash
płomjo flame
płonina area
płony flat
płót fence
płun gas
płuwać swim
plack sweet
plahować grow
plakat poster
plan intention, plan n.

planowar planner
planować intend, plan v.
planowy wóz wagon
plantaža plantation
plasta plastic
plastowy plastic
plěchaty bald
plinc omelet
po after, along, according to, adapted from (the book); **po 12.00 hodź** p.m.; **po Chrystusu poprawom** A.D. (anno domini); **po dróhach jězdźić** cruise the streets; **po dwěmaj** two by two; **po mojim měnjenju** in my opinion; **po našim ličenju časa** A.D. (anno domini); **po porach** two by two; **po porikach** two by two; **po puću być** be on the move; **po puću k/do ...** on my way; **po tym** after, after that, afterwards; **po wječorach** in the evening/s; **po wšelakich pućach** in different ways; **po začuću** emotional; **po zakonjach žiwy być** live by the laws; **po zakonju** legal; **po zwučenosći** usually
pobrachować be missing
pobrachowacy missing
pobrachowanje lack (of)
pobrjóžna linija coastline
počas season
počeć falować run out
pod case

pod under; **pod žanymi wuměnjenjemi** on no account; **pod hranicu chudoby žiwy być** poverty line; **pod wodu** underwater
podać tell
podawk episode, event
podkopki mine
podlěšić (wupokaz) renew
podnurić sink
podnurjowak diver
podoba appearance
podobny similar
podpěra aid, support, welfare
podpěrar/ka supporter
podpěrać encourage, support
podpis signature
podpisać sign
podpismo signature
podružny apartment house, apartment building
podšmórnyć emphasize, underline
podwójny double
podwu two by two
podźěl rate
pohib movement
pohibowanska připrawa za diskety disk drive
pohłubšić deepen
pohlad look, view n.
Pohladajmy! Let's see.
Pohladamy! Budźemy widźeć. Let's see.

pohladnica picture postcard
pohladnjenje look n.
pohonić encourage
pohonjeć cheer
pohonjować motivate
pohrjebnišćo graveyard
pochad background, origin
Pochadźam z ... I'm from ...
pochod march n.
pochodować march v.
pojědź dessert
pokal cup
pokazać point, show, tell the way; **pokazać na** point out, point to/at
pokazka presentation, show; **pokazka na** clue to
pokazowaca tafličkа sign
Pokaž! Dočakaj! Let me see.
pokiw advice; **pokiw na** clue to
pokiwy dawać advise
pokładźena butrowa pomazka sandwich
pokročować *(ideju)* take sth. up
pokročować carry on, continue, keep doing sth., proceed
pokruta pl. pokruty loaf
pokuta fine
pokutna cedlka ticket
pokutny mandat ticket
pokutny pjenjez fine

poł half; **poł mile** half a mile
połdnjo south
połdnjowy part-time
połnóc midnight
połnočasny full-time
połny full of, crowded; **połny čas** full-time; **połny nadźije** hopeful
położenje situation
położić place, put, set v.
połojca half; **połojca dwuswójbneho doma** semi-detached house
połć - (přerosćeny) połć bacon
pola at; **pola Dava doma** at Dave's house; **pola koho wupowědźić** give sb. notice; **Pola mje je z wašnjom ...** I used to do; **pola někoho doma** at one's house
polca shelf
polěpšić improve
policajska stražowarnja police station
policajski rewěr police station
policija police
policist officer
policist/policistka policeman/policewoman
polio polio
politika policy; politics
politikar/ka politician
politiska runoprawosć political equality
politiski political

poliwka soup
polo field
polylux overhead projector
pomały slow
pomfritki chips
pomhać help, support v.
poměrnje relatively
poměry conditions
pomjatk memory
pomjenować name v.
pomjeńšić reduce
pomnik memorial, monument
pomoc aid, help, support, welfare
pomocliwy helpful
pomocnik/pomocnica assistant, supporter
pomocniwy helpful
pomróčeny cloudy
poněčim gradually
ponowić renew
ponurić sink
pony pony
pop pop music
popadnyć catch v.
popcorn popcorn
pophudźba pop music
popjeł ash
popołdnjo afternoon, p.m.
popołdnju in the afternoon(s)

poprawić correct v.
poprawom in fact
popspěw pop song
por pair
poradźowanski wučer w ameriskich šulach
guidance counselor
poradźowar consultant, counselor, instructor
poražka přez defeat (of; by)
porcija portion (of)
porik couple, ir
porjad order n.
porjedźeć repair
porokować/wumjetować komu što blame sb.
porst finger
Portugalčan/ka Portuguese
portugalski Portugese
portugiski Portugese
pos dog; **pos so chowa** the dog hides itself
poselstwo message
poschod floor, story
poskać listen to; **poskać na koho/čo** hear; **poskać na**
listen to
poskitk offer n.
poskićić offer v.
posłuchar listener
posłušnosć obedience
posłužić - so (sam) posłužić help oneself
posłužować operate, serve

posledni final, last, recent; **posledni być** be last; **posledni schodźenk ameriskeje** high school (**tři lěta**) senior high school
posoł na kolesu (bike) messenger
postajeny definite, particular
postawa figure, shape, statue
poster poster
post-industrielny post-industrial
Postrow! Hello!
postup development, progress*
poswjećeny holy
posyłki mail
potajkim consequently, so, well; you know
potajnosć secret
potajnstwo mystery, secret
potom then
potomnik descendant
potrěbnosć need v.
potrjeba need n.
potwjerdźić claim v.
poćah relationship
poćahi z/k relations with
powabny attractive
powědančko saga, story
powědar narrator
powědar/ka storyteller
powědać tell
powěko lid

powěsnyć hang, put up
powěsć legend, message, saga, news
powěsćowa technika communications
powětr air
powětrozawkowe jězdźidło hover craft
powjaz rope
powjaznica cable car
powjetšić (po šěrokosći) broaden
powjetšowaca škleńca magnifying glass
powod line (telephone)
powodźenje flood n.
powodźić flood v.
powołanje - (rjemjeslniske) powołanje trade
powołanje (swobodne, akademiske) profession
powšitkownje generally
powšitkowny general
powučacy educational
powyšenje increase
powyšić raise v.
pozadk background
pozběhnyć so stand up
pozbudźić encourage
pozdźe late
pozdźišo afterwards
pozicija position
pozitiwny positive
požadanje za demand for
požčić borrow, rent

požnjenc September
póda ground, land, soil
pódla by, next to
Pój sem! Come here!
Pójće sem! Come here!
póndźela Monday; **na póndźelach** on Monday(s); **kóždu póndźelu** on Mondays; **póndźelu rano** on Monday morning
póst mail, post
póšta mail
póstowa kartka postcard
póstowe (wodźenske) čisło zip code
póstowy zarjad post office
pót sweat n.
pradźěd a prawowka great-grandparents
Praji so, zo je wón ... He is believed to be ...
Praji so/praja, zo je mortwy. He is reported to be dead.
prajidmo saying
prajić say, tell
praksa - (lěkarska) praksa practice n.
praktiski practical
prašak question mark
prašenje question n.; **prašenje stajić** ask a question; **prašenja k tekstej** questions on the text
prašeć so question v.
prawa rights *(pl.)*
prawdźepodobnje likely, probably

prawidło rule n.
prawiznik/prawiznica lawyer
prawizniska kenclija law-firm
prawje right; **prawje měć** be right; **prawje njeměć** be wrong; **prawje/prawo njeměć** be wrong; **prawje njewěrić** doubt v.; **Prawje.** That's right.
prawo right
prawy authentic, correct, right
pražnik July
preč away, off; **preč hić z** go out with; **preč hić z kim** go out with; **preč ćisnyć** dump, throw away
preferować porno čemu/komu prefer to
prefiks prefix
prestiž prestige
prezentacija presentation
prezentować present
prezident/ka head of state, president
prědnja strona front
prěki yonder; **prěki přez** across
prěni first; **prěni być** be first; **prěni raz** for the first time; **prěni (swjaty) dźeń hód** Christmas Day
prěnje tři lěta ameriskeje wyšeje šule junior high school
princ prince
princesna princess

priwatna šula public school
priwatny private
priwileg privilege
priwilegowany privileged
prjedawši ancient, former, past, previous
prjedownik ancestor
prjedy hač before
prjedy toho before that
pro-(britiski) pro-(British)
problem difficulty, issue, problem
procent per cent
proces trial of
prócować so wo apply for, struggle with/for
próšny dirty, dusty
próstwa request
próstwu stajić wo apply for
producent producer
produkcija production
produkować manufacture, produce v.
produkt product
produkta design n.
profesionelny professional
profesor professor
profi professional
profil profile
profit profit
profitabelny profitable

program program
programowar programmer
proch dust
prochsrěbak vacuum cleaner
projekt activity, project
projektor za folije overhead projector
propaganda propaganda
prosty ordinary; simple
prosće simply
prosyć ask; **prosyć wo čo** ask for sth.
prošer beggar
prošu please; **Prošu?** Sorry?; **Prošu (jara)! Ničo wo to!** *(wotmołwa na dźak)* not at all; **Prošu (jara).** That's all right.; **Prošu jara.** Here you are; **Prošu jara.** You are welcome.; **prošu wobkedźbować** NB / nb = nota bene
protest protest n.; **protest přećiwo** protest against
protestant/ka *(křesćan ewang. wěrywuznaća)* Protestant
protestantiski Protestant
protestować protest v.
protestować přećiwo protest against
protokolować record
protyčka diary
protyka calendar
prowinca province
proza fiction

prózdniny holidays, vacation
prózdnota emptiness
prózdny clear of, empty, *(baterija)* flat
pruwowanje exam, examination, test n.;
pruwowanje złožić take an exam
pruwować do a test, examine, test v.
pružić flow v.
pře- too
přebywać spend
přeco always; **přeco wjace** more and more
před ago, before, in front of, previously; **před krótkim** not long ago
předać sell
předań sale
předawar/ka assistant, sales clerk
předchěža hall
předewzaće business, enterprise, operation
předewzaćelski duch enterprise
předměsto suburb
předmjeno Christian name
předmjet subject
přednošować give a talk
předobyć overpower
předpis instruction, rule n.
Předstaj sej jenož! Just imagine.
předstajenje (problema, wosoby) introduction, imagination, presentation

předstajić act, introduce
předstawa fiction
předsudki prejudice (against)
předwčerawšim the day before yesterday
předwěšk prefix
předwječor eve
přehladać search for
přechod alley, crossing, passage; **přechod za pěškow** pedestrian crossing
přechodny temporary
přechodźišćo crossing
přěhračk loser
přełožić translate
přełožk translation
přeć - (sej) přeć wish v.
přećahnyć move
přeće wish n.
přećel boyfriend, friend
přećelka girlfriend
přećelnosć friendliness
přećelny/přećelnje friendly
přećiwnik rival
přećiwo against; **přećiwo mustwu hrać** play a team
přećiwozakonski lawless
přejěć pass through
přejězd crossing
překasanc insect
překlepanosć cleverness

překlepany clever, beautiful, wonderful
překročić cross v.
překuzłać bewitch
překwapjacy surprising
překwapjeny surprised
přelěžć change v.
přemało měć be short of
přemały too small
přemjenować rename
přemóc overpower
přeńć cross, go by, go by, pass through
přenocowanje ze snědanju bed and breakfast
přenocować stay
přepadnyć při pruwowanju fail an exam
přepjelnjeny crowded; **přepjelnjeny (z ludźimi)** overcrowded
přepodać koho komu hand sb. over to
přepołožić do transfer to
přeprěčić cross v.
přeprosyć invite
přeprošenje invitation
přepruwowanje check, search
přepruwować check v.
přepytać examine, search for
přepytowanje (čeho) investigation (into sth.)
přepytowanje operation, survey of/on
přepytować analysis
přeradźić koho/što give sb./sth. away

přerězk average
přerězny average
přerjadować rearrange, reform
přesłapić disappoint, let down (sb.)
přesłapjenje disappointment
přesłapjeny frustrated
přesłyšowanje interrogation
přesłyšować question
Přesadź so do mojeje situacije. Put yourself in my place.
přesadźić do transfer to
přestać cease, quit
přestawka break
přestrěnc carpet
přestrjěń area
přestupić change v.
přesćahnyć overtake
přesćěhować follow, persecute
přeswědčić convince
poet poet
přetorhnyć break off, interrupt
přetrać survive
přetrjebar consumer
přetworić do make into
přewaha advantage
přeważnje mainly
přewjele njeměć be short of
přewod company, guidance

přewodźer guide n.
přewodźeć guide v.
přewostajić što komu leave sth. to sb.
přewozny čołm ferry (boat)
přewrót turn n.
přewšo extreme
přewšu měru extreme
přez across, by, through, via; **přez lěta** over the years; **přez nóc** overnight; **přez rundu přińć** make ends meet
přezahe być be early
přezjedny być z agree with
přezjedny njebyć z disagree with
přežiwić survive
přežiwjenje survival
při at, on; **při brjoze** on the coast; **při dźěle** at work; **při fronće** in the fields; **při telefonje/aparaće** on the phone; **při wšěm** after all; **při/na dźěle** at work
přiběranje increase
přiběrać increase v.
přibližnje c. circa
přibrjóh seaside; **(kupanski) přibrjóh** beach
přičina argument, cause, motive, reason
přičinić put up
přidatnje additionally, furthermore
přidatny additional, extra
přidać add, admit, confess to doing sth.

přidawk additive
přichad arrival
přichilnosć/lubosć k čemu affection for
přichod future
přichodna póndźela next Monday
přichodny next
přihłosować k agree with
přihladowar spectator
přihladowarstwo audience
přihot preparation
přihotowanje preparation
přihotować prepare
přihrać pass
přiječ́ć arrive
přiježd arrival
přijimanske pruwowanje entrance exam
přijimać receive, answer the telephone
přijomny comfortable
přikaz order n.
přikazać order v.
přikazy directions (*pl.*)
přikiwać komu wave to/at sb.
přikład example
přiklesk cheering
přikleskać cheer
přikryć cover v.
přikryw - (wołmjany) přikryw blanket
přiležnosć chance

přilět arrival
přiliw flood
přilubjenje dodźeržeć keep a promise
přimnyć za reach for
Přińdź/přińdźće sem/jow! Come here.
přinjesć bring v.
přinjesć koho wo čo cheat sb. of sth.
přinošk fee
přinošować k contribute to
přińć arrive, come, get
připadnje činić happen to do
připis entry
připołdnjo midday, noon
připódla prajene by the way
připosłuchar listener, spectator
připóznać appreciate, recognize
připrawić install
připrawy facilities
přiroda nature
přirodne žiwidła health food
přirodny natural
přirodowěda science
přirodowědnik/-wědnica scientist
přiručka encyclopedia, handbook
přirunanje comparison
přirunać što z čim contrast sth. with
přirunać z compare with/to
přirunować make a comparison

přisłowo proverb, saying
přisłucharstwo audience
přispomnić make a comment
přispomnjenje činić make a comment
přispomnjenje k comment about/on
přistajena employee
přistajenje employment
přistajeny employee; (**woknješkowy**) **přistajeny** clerk
přistajić employ, hire
přistaw harbor, port
přistejeć (**drasta**) suit
přistup access, entry
přistupić get in; **přistupić komu** walk up to sb.
přitomnosć present
přitomny njebyć be absent
přićahnyć attract
přiwabić attract
přiwěrkaty superstitious
přiwuzny być z be related to
přiwuzny relative
přiwzać accept
přizamknjenje connection
přizemjo first floor
přizjewić - **so** (**znowa**) **přizjewić** sign out/in
přiznak characteristic
přiznamjo characteristic
přiznaće confession

přizwolić admit
přizwuk accent, stress n.
přizwukować stress v.
psa wuwjesć take the dog for a walk
psyk dog
pšeńca wheat
ptačk bird
ptak bird
puć path, trail, way; **puć pokazać** tell the way; **puć rozjasnić** tell the way; **puć rozkłasć** tell the way; **puć za pućowarjow** walk n.
pućik path
pućowanje travel n.
pućowanski bus coach
pućowar traveller
pućować go walking, travel v.
publikować publish
publikum audience
pulower pullover
punt pound (currency and weight)
Puritan/ka Puritan
puritaniski Puritan
pusćina desert
pusty kraj waste ground
pušćić drop; **pušćić - (na swobodu) pušćić** release; **(nutř) pušćić** admit
putnikowar pilgrim
pyšenje decoration

pytać look for, look up, search v.
pytanje (slědźenje) search
pytanje za złotom gold rush
pytany wanted
pytnyć notice, realize

Q

quiz quiz

R

racija (na, w, za) raid (on)
raciju přewjesć raid
rada advice, council
radijo radio
radikalny radical
radnica town hall
radostny easygoing
radosć joy
radowacy enjoyable
radšo hač rather than
radšo měć like better
radšo něšto činić prefer to
rady měć be fond of
rady měć fancy; **rady měć/činić** enjoy, like

radźić advise
rak *(chorosć)* cancer
raketa rocket
Rakuska Austria
ramjo shoulder
rana cut, wound n.
ranić offend
ranjacy offensive
ranje morning
rano a.m., in the morning
rasa race
rasizm racism
rasowy racial
rata rate
ratar farmer
ratarski farming
ratarstwo farming
raz time(s)
reagować react
reakcija reaction
realistiski realistic
realita reality
realny real
rebel rebel
recept prescription
recycljomny recyclable
recyclowanje recycling
recyclować recycle

redukować reduce, shorten
reflektować reflect
reforma reform
reformować reform
regal shelf
region region
regionalny regional
registrować register
regularny regular
reja dance, ball n.
rejować dance v.
reklama advertisement, advertising
reklamu činić advertise
rekonstruować reconstruct
rekord record
relatiwnje relatively
relewantny relevant
religiozny religious
renta pension
rentnar/ka senior citizen
reorganizować reorganize
reparatura repair n.
reparować repair v.
reporter/ka interviewer, reporter
reprezentatiwny representative
reprezentować represent
reprodukcija reproduction
republika republic

Republikanar/ka Republican
reputacija reputation
reservoir reservoir
respekt respect
restawrant restaurant; **restawrant/hosćenc ze samoposłužowanjom** cafeteria
restawrować restore
rewolucija revolution
rezerwacija reservation
rezerwat reservation
rezerwowanje reservation
rezerwować book, reserve v.
rezultat effect, result, score v.
rěbl ladder
rěč language, speech
rěčeć speak; **rěčeć z** speak to; **rěčeć z, k** talk to
rěčnik speaker
rěčny kóń hippo
rěčny wobraz image
rěčny wobrot collocation, phrase
rědki scarce, seldom
rěka river
rěkać be called, mean
rězać cut v.
rěznik butcher
riskěrować risk v.
riwala rival
riziko na so brać take a chance

riziko risk n.
rjad row
rjadowanje layout
rjadować arrange
rjadowniski přećel classmate
rjadownja class, grade
rjanolinka beauty
rjanosć beauty
rjany beautiful, fair, fine, nice, pretty; **rjany čas měć** have a nice time; **rjany čas/wjele wjesela měć** have a nice time
rjec say
rjedźić clean v.
rjejić cry, scream
rjek hero
rjekowka heroine
rjenje wot tebje nice of you
roastbeef roast beef
robustny tough
roboter robot
rodźeny być be born
rołа tube
roman novel
Romjan/ka Roman
romski Roman
rostlina plant n.
rosć grow
rosćenje growth

row grave
rowdy hooligan
rozbity depressed; in ruins
rozbrojić scatter
rozbudźacy exciting
rozbudźeny excited
rozbuchnyć blow up
rozdawać distribute
rozdźěl difference
rozdźělić break sth. up; distribute v.; hand out
rozdźělne several, various
rozdźělny different from; **rozdźělny być** vary from
rozebrać što break sth. up
rozestajenje debate on/about, quarrel
rozestajeć so quarrel over/about
rozhłós radio
rozhlad view
rozhněwany na angry with
rozhněwany/rozmjerzany być be annoyed
rozhorjeny mad at
rozjasnić explain
rozjasnjenje explanation
rozkora argument, quarrel, trouble
rozłamać break v.
rozmjerzany bitter
rozmołwa conversation, dialogue, talk
roznošować deliver, distribute
rozpad ruin n.

rozpadany in ruins
rozpačić split
rozprawa report, statement
rozprawjer/ka reporter
rozprawjeć report, tell
rozrisanje (za) solution (to)
rozrisać solve (problem)
rozrjadować split
rozrost increase v.
rozsud decision; **rozsud tworić** make a decision
rozsudnje basic
rozsudny essential
rozsudźić (so) rozsudźić decide
rozsudźić make a decision
rozsypać scatter
rozšěrić - (so) rozšěrić widen
Rozumju. I see ...
rozumny reasonable, sensible, understanding
rozwiće development
rozžohnowanski farewell
róla part, role
rólnikarstwo farming
róst growth, increase
rózno apart
róža rose
róženń barbecue
róžk corner
róžojty pink

róžownik May
rubić rob
rubježnica robber
rubježnik robber, wrecker
rubježnistwo robbery
ručež as soon as; **ručež kaž** as soon as
ručne borzdźidło hand brake
rugby *(hra)* rugby
ruin ruin n.
ruinowac ruin v.
ruka arm; hand
ruku/ruce zawdać join hands
rum za kófry/wačoki w awće trunk
rumnosć room
rumpodich Santa Claus
runać flatten
runje just; **runje stać** stand up; **runje tak** equally; **runje tak kaž** as well as
runohódnje equally
runohódny equal
runoměrnje equally
runosć equality
runostajnje equally
runy equal, even, straight
Rus/Rusowka Russian
Ruska Russia
ruski Russian
ruta route

ryba fish
rybarstwo fishing
rybować rub
ryby łójić hić go fishing
ryby fish
rybyłojenje fishing
rym rhyme
rynk row; **rynk (čakacych)** line
ryzy authentic

S

sad fruit
sada sentence
sadźba set n.
sadźeć plant v.
safarijowy park safari park
sak bag
Saksa/Saksowka Saxon
Sakska Saxony
sam myself, yourself, himself, itself; alone on my own/your own
sama herself
sami ourselves, yourselves; **(woni) sami** themselves; **(woni) sej sami** themselves, so *(refl.)*
samo even; **samo hdyž** even if; **samo jeli** even if
samomordarstwo suicide

samostatny self–employed; separate
samostejacy single
samota loneliness
samotny lonely
samsna/samsne kaž the same as
samsny same, the same, the same as
sanc male
sanitetar/ka ambulance man/woman
satelit satellite
scena scene
scout scout
scyła nic on no account; **scyła/docyła nic** not at all
sebi přemyslić consider
sebi samomu himself
sebje sama herself
sebjedowěra self-confidence
sebjewědomje self-confidence
sebjewědomy confident; **sebjewědomy być** be sure of oneself
sedło saddle
sedźeć sit
segregacija segregation
sej brać help oneself
sej dowolić (móc) afford
sej myslić suppose
sej něšto wotmyslić have sth. in mind
sej něšto wuslěkać take sth. off
sej pomhać help oneself

sej popřeć afford
sej předstajić imagine
sej přiswojić acquire, take possession of
sej sam myself, yourself, oneself
sej sami ourselves
sej spomjatkować remember
sej starosće činić dla/wo worried about
sej wažić appreciate
sej wobhladać look at
sej wubědźić acquire
sej wudobyć win
sej wulećeć go on a trip
sej wumyslić make up, think of, think up
sej wuwědomić be/become aware of sth. or sb.
sej zwěrić risk
sej žadać claim v.
sekera ax
sekretar/ka secretary
sekretariat office
seks sex
sektor sector
sekunda second n.
seleny salty
semikolon semi-colon
seminar wo, k, na (temu) seminar on/about
senator senator
sensacionelnje sensationally
sensibelny sensitive

separatny separate
september September
serija - (wusyłanska) serija series
service service
serwis service
serwěrować serve
set set n.
sewjer north
sewjerny north, northern
sezona season
shake *(miksowany napoj)* shake
shortsy shorts
show show
schadźeć rise
schnyć dry
schód stairs
schodźenk degree, step
schodźenki stairs
schować hide, keep
signal signal
silwester New Year's Eve
sir sir
sirena siren
situacija situation
składnosć chance, opportunity; **składnosć wužić** take a chance
składować store v.
skakać jump

skała rock
skałojty rocky
skalizna rock
skalny rocky
skazanka order n.
skazać book, order v.
skaženy žołdk upset stomach
skedźbnić na point out
skica design
skok jump
skomdźić miss
skóncowany broken, run-down
skóncować break, destroy
skónčić end, end up, finish
skónčnje after all, at last, at the end, in the end, finally
skónčny final
skoro almost, nearly
skorpizna zakłapnicy shell
skoržić přećiwo komu take sb. to court
skót - (howjazy) skót cattle; **skót plahować** keep cattle
skótny lěkar/ka vet
skrótšenka abbreviation
skrótšić shorten
skupina crowd, group, set n.
skupy mean adj.
skutk act, deed

skutkować operate
skućić/zworać (što) commit
słabić weaken
słabosć weakness
słaby weak
słaby wětřik breeze
słać send; **słać po** send for
sławić praise v.
sławny great
słodźeć taste v.; **słodźeć za** taste of
słon elephant
słowna skupina phrase
słownik dictionary
słownistwo vocabulary
słowo word
słód taste n.; **słód za** taste of
słódki sweet
słódkosć sweet
słónco sun, sunshine
słónčina sunshine
słónčny sunny; **słónčne (wjedro)** fair
słuchać na listen to
Słuchaj! Hey!
Słuchajće! Hey!
słušeć k/do belong to
słužownik/słužownica servant
słyšeć hear
slang slang

slepy blind
slěbro silver
slěd order n.
slěd trace
slědować komu go along
slědźenje research, search
slědźer explorer
slědźić research, search v.
slipać sob v.
slěpcowski shabby
slogan slogan
slubić promise v.
slum slum
smalić race
smažnik June
smějkotać (na koho) smile (at) so
směr direction, trend
směšny humorous
směć be allowed to, can, may
smjerdźacy smelly
smjerdźeć smell, be smelly
smjerć death
smjetana cream
smjeće dirt, litter; laughter
smjećišćo dump
smój are
smólnica torch
smorkawa cold

smuha stripe
smy are
Smy derje doprědka přišli/postupowali. We've come a long way.
smykanje ice-skating
snackowa bara snack bar
snadny close, harmless, scarce
snadź maybe, perhaps, possibly
snědań breakfast
snědać have breakfast
sněh snow n.; **sněh so saje/dźe** snow v.
sněhak ski n.
sněhakować ski v.
so itself
so **bić** fight v.
so **blamować** make a fool of oneself
so **bližić komu** walk up to sb.
so **bojeć** be frightened; **so bojeć koho/čeho** be afraid (of); **so bojeć před** be frightened of
so **brudźić** hang around
so **bručić** hang around
so **brunić** turn brown/red
so **dešćować** rain
so **do paniki dóstać** panic v.
so **do spěcha měć** hurry up
so **do šule přijimać** start school
so **dobrowólnje přizjewić za** volunteer for
so **dojednać** agree with, arrange

so **dopomnić** come to mind, remember
so **dorozumić z** communicate
so **dušować** have a shower
so **dźakować** thank v.
so **dźeržeć na** keep to
so **dźělić** *(mandželstwo)* get divorced
so **dźělić** split
so **dźělić wot** break away from
so **hadrować dla** argue (about)
so **hibać** be on the move
so **hibać** move
so **hibacy** moving
so **hodźacy** proper
so **hodźeć jěsć** edible
so **hodźeć k** correspond to
so **hóršić na čo** complain
so **koncentrować na** concentrate on
so **kónčić** break off, run out
so **konfrontować z kim/čim** face sb./sth.
so **krosnować** climb v.
so **kupać** have a bath
so **lehnyć** go to bed, lie down
so **lěpje lubić/spodobać** like better
so **lěpje/najlěpje lubić** like better/best
so **lubić** appeal to; so **lubić/spodobać** like
so **měrić na** aim at
so **měć po** keep
so **minyć** go by

so **mjerzać** be annoyed
so **myć** have a wash, wash
so **na čo wjeselić** look forward to doing sth.
so **na najnowšim stawje dźeržeć** keep up to date
so **nabyć čeho** be fed up
so **nadźijeć** hope v.
so **najlěpje spodobać/lubić** like best
so **naprašować** interview v.
so **narodźić** be born
so **nastupić** line v.
so **njelehnyć** stay up
so **njelubić** dislike
so **njepřistojnje/špatne zadźeržeć** misbehave
so **njepokojić** be concerned about
so **njespodobać** dislike
so **nutř podać** enter
so **nutř walić** storm into
so **palić** burn v.
so **płokać dać** washable
so **podać** surrender v.
so **pohibować** move
so **poskać** sound v.
so **poćahować na** be related to, refer to
so **poćić** sweat v.
so **powalić** fall over
so **powjetšeć** expand
so **powyšeć** increase
so **přestrěwać** spread

so **přeswědčić** make sure
so **přesydlić** move
so **přewoblěkać** change into sth.
so **přihotować** get ready
so **přiwobroćić na/k** turn to
so **přizamknyć** go along, join, join in
so **prašeć** ask, ask a question, interview v.
so **prócować wo** advertise
so **puknyć** burst
so **radować** enjoy oneself
so **rjany činić** make up
so **rozeznawać** vary from
so **rozhladować** look round
so **rozmołwjeć** talk
so **rozšěrić** broaden, spread
so **rozšěrjeć** expand
so **rozsudźić** choose to do sth., make up one's mind
so **sać** snow v.
so **sam** myself
so **schadźować** hold a meeting
so **schować (słónco, měsačk**) set v.
so **skićić (jako móžnosć)** open up
so **skóncować** break, break down
so **skónčić** come to an end
so **smjeć** laugh, so **smjeć nad čim** laugh at
so **spjećować** refuse
so **spodobać** appeal to
so **spřećelić** make friends

so spušćeć na depend on, rely on
so stać (z) get, happen
so starać wo care about, deal with, look after
so staroséić wo be concerned about, worry
so strachować be afraid (of), be frightened; **so strachować před** be frightened of
so strašnje bojeć před be terrified of
so styskać (za) be homesick (for)
so sćahnyć do become/get involved
so sćeńšić grow thin
so swěćeć shine, glow
so sydnyć sit down
so sypnyć break down
so tepić sink
so torhać wo argue (about)
so ćisnyć fall over
so wadźić wo argue (about)
so warić boil v.
So wě! Sure!
so wjeselić enjoy oneself; **so wjeselić nad** be pleased with
so wobarać přećiwo refuse
so wobdźělić attend, become/get involved, join, join in, take part in; **so wobdźělić na wjedźenju** go on a guided tour
so woblěkać get dressed; **so woblěkać jako** dress as
so wobroćić turn round; **so wobroćić na** turn to; **so wobroćić/wobroćeć na koho** address v.

so wočerstwić relax, recover from
so wot něčeho zežiwić live on sth.
so wotewrić open up
so wotměwać take place
so wottorhnyć wot break away from
so wotwlakować wot keep away from
so woženić/wudać get married, marry
so wróćić return; **so wróćo namakać** find the way back
so wubědźować compete
so wudać get married, marry
so wuchodźować go for a walk
so wupłaćić be worth doing
so wupłaćić pay off
so wupřestrěwać expand
so wuskutkować affect
so wusmjeć laugh at
so wustejeć na čo skilled in/at
so wuwinyć čemu avoid
so wuznać k confess to doing sth.
so wzdać give up; **so wzdać čeho** do without
so z kim zetkać go out with
so z něčim zaběrać busy
so z psom wuchodźować take the dog for a walk
so zabawjeć scatter
so zaběrać z deal with; **so zaběrać z čim (zo by čas zašoł)** pass the time
so zadobyć invade; **so zadobyć do** break into

so **začerwjenić** turn brown/red
so **zadźeržeć** behave
so **zajimować za** be interested in, ke an interest in
so **załamać do** break into
so **założić** form
so **zalubować do** fall in love with
so **zamołwić pola koho** apologize to sb.
so **zapalić/zapłakać** burst into flames/tears
so **zapisać/so šmórnyć** sign out/in
so **zapozdźić** be late
so **zaso/znowa zjewić** reappear
so **zasydlić** settle
so **zatepić** drown
so **zawěsćić** make sure
so **zběhnyć** rise**;** *(lětadło)* take off v.
so **zdalować wot** keep away from
so **zdać** seem
so **zdrasćić** get dressed; **so zdrasćić jako** dress as
so **zetkać** meet
so **zhubić** die out, disappear
so **zmandźelić** get married, marry
so **změnić do, na** turn into
so **zminyć** disappear
so **zrěčeć** make a date
so **zwoblěkać** get dressed
so **zwoprawdźić** come true
so **zwučić na čo/koho** be/get used to sth./sb.
sobota Saturday

sobu činić join in
sobu hić go along
sobu přińć come
sobu přinjesć bring along
sobu wobmyslić consider
sobu wzać take
sobušuler/ka fellow pupil
socialist socialist
socialistiski socialist
socialny social
solotej salad
sól salt
són dream
sonić dream
sonjer dreamer
sorna deer
sotra sister
sotrowka niece
souvenir souvenir
so žehlić glow
spad *(lětadła)* crash
spadnjeny in ruins
spadnyć crash into
spaghetti spaghetti
spanje sleep v.
spanska stwa bedroom
spanski měch sleeping bag
spar sleep v.

spać be asleep, sleep
specialist specialist
specielny particular, special
species species
spekulacija speculation
spěchać be in a hurry, race
spěchować encourage
spěšnje činić hurry up
spěšnosć speed
spěšny fast, quick, speedy
spěw song
spěwar/ka singer
spěwać sing
spicy be asleep
spinadło brake; **spinadło pušćić** release the brake
spinak switch n.
spinać brake v.
spinka pl. spinki parenthesis, bracket
spiritual spiritual
spisowaćel writer
spjaty jězor reservoir
spjećowanje přećiwo opposition to
spłakować sob v.
spłóšiwy shy
splećeny - (z grotom) splećeny wired
spočatnje at first
spodobanje favor
spódnja šklička saucer

spody below
spodźiwny strange
spokojacy satisfactory
spokojenje satisfaction
spokojnosć satisfaction
spokojom być z be pleased with, tisfied with
spokojom njebyć dissatisfied (with)
sport games; **(šulski) sport** sports
sportnišćo playing field
sportowa hala gym
sportowanje sporting activity
sportować do sport
sportowc athlete
sportowe cholowy trunks
sportowski athletic
spowědź confession
spowšitkownjeć generalize
spóznać realize, recognize, tell; **spóznać što/koho** be/become aware of sth. or sb.
sprawny fair, honest, just
sprěnja firstly
sprócny tired
spušćić give up
spušćomny reliable
spytać try; **spytać něšto činić** try and do sth.; **spytać što (na př. zakoń, wukaz) přesadźić** lobby sb. for sth.; **Spytaj přińć.** Try to come.; **Spytaj, zo přińdźeš.** Try to come.

squash *(hra)* squash
srjeda Wednesday
srjedźa in the middle
srjedźišćo focus
srjedźizna middle
srjedźny middle; **srjedźny zapad USA** Midwest
srjedźowěk Middle Ages
stać napřećo komu/čemu face sb./sth.
stać stand; **stać so (z)** become
staćan/ka citizen
staćanske/byrgarske prawa civil rights
staćanstwo nationality
stabilita stability
stadło herd
stajić put, put up; set v.
stajnje always
stajny permanent, regular
stan tent; **stan natwarić** pitch a tent
standard standard
stanowanišćo camp site
stanowanje camping
stanować camp
stanyć get up, rise, stand up
staroba age
starosć anxiety; **starosć wo** concern for; **starosće činić** concern for
starosćiwy careful
staršej parents

starši elderly; parents; **starši hač ja** older than me
start start, take off n.
starter/ka starter
startować start v., take off v.
stary ancient, elderly, old
stat country, state
statok farmhouse
statua statue
stać - so (z) stać happen to
staw score
stawizniski historical
stawizny history
stawk strike
stawkować be on strike, go on strike
steak steak
stej/staj there is/are
stejišćo aspect; **stejišćo/pozicija k** attitude towards
stejnišćo point of view
stejo/ležo wostajić leave
stereo stereo
stil style
stipendij scholarship
stolica capital
stólc chair
stonać moan
stopa foot
stopjeń degree

stopnjowanje adjektiwow comparison *(gram.)*
stopować stop v.
stopowka stop watch
stopowy časnik stop watch
stopy trace
storčić na čo encounter sth., meet with
stork shock
storkać knock, push v.
strach anxiety, danger, fear; **strach načinić komu** frighten
strašny awful, dangerous
strata loss
stražnik guard, keeper
stres stress n.
strona party, side
strona (w knize) page
strowić say hello to; **strowić (witać koho)** say hello (to)
strowota health
strowy fit, healthy, well
struktura structure
student/ka student
studować study
stupać rise, step
stupidny stupid
stwa room
sćahnyć - (wodu) sćahnyć flush the toilet

sće are
sćerpliwosć patience
sćerpliwy patient
sćěh consequence
sćěhowacy following
sćěhować follow, watch; **sćěhować koho** go along;
    sćěhować z infer from
sćěna wall
sćěnowina wall display
su are; there is/are
subjekt subject
sudniska žurla court
sudnistwo court
sudobja dishes (*pl.*)
sudobjo case, container
sudźić z judge from
sufiks suffix
suggest namjetować
suchi dry
suknja skirt
sukno cloth
suma amount
super super
surowy cruel
susod neighbor
susodstwo neighborhood
sušić dry
suwar/ka smuggler

swěca light m.
swědomitosć care v.
swěra k loyalty to
swěrny faithfully
swět world
swětłomjetak spotlight
swětły bright, light adj.
swětnišćo space
swětowy global
swěćenje glow
swinjo pig
swjatočnosć celebration
swjaty holy; **swjaty dźeń we wšěch US-statach** federal holiday
swjedźeń celebration, festival, party
swjedźenska jědź dinner
swjećić celebrate
swoboda freedom, liberty
swobodne městno za parkowanje parking space
swobodnje stejacy dom detached house
swobodny free; **swobodny čas** free time; **swobodny wot** clear of; **swobodny/swjaty dźeń** holiday
swój mine, my
swójba family
swoje měnjenje změnić change one's mind
swójski own
sy are
Sy na rjedźe. It's your turn.

sydło seat
sydler/ka settler
sydlišćo settlement
sydlić settle
sylna šnupa/smorkawa a bad cold
sylnje hard
sylny tough
sylza tear
sylzy ronić burst into flames/tears
sym am; **Sym hotowy.** I've finished.; **Sym měnjenja, zo ...** I guess; **Sym přeco/stajnje ...** I used to do; **Sym strowy.** I'm all right.; **Sym w ... był ...** I've been to ...
symbol landmark; symbol
symboliski za symbolic of
symbolizować symbolize
sympatiski sympathetic
syn son
sypanišćo za smjeće dump
syrota orphan
syry raw
system system
systematisce systematically
syty być be full
syć net; network
syć plant v.

Š

šach chess
šalka cup
šaltować switch v.
šampun shampoo
šansa chance
šarować bully
šat dress
šef/ina boss; **šef policije** marshal (US)
šek check (money)
šeptać whisper
šerjenje ghost, monster
šeršćowc brush
šěroki broad, wide
šěrokosć width
šěry gray
šija neck, throat
šijebolenje a sore throat
šik měć k čemu skilled in/at
šikaněrować bully
šikwany beautiful, lovely, nice
šimpansa chimp
šip arrow
škit před protection against
škitać cover, protect
škitny přechod za pěškow pedestrian crossing
škla bowl

šklenca glass; (**zawarjenska) šklenca** jar
škoda damage, disadvantage, harm, loss;
škoda/Škoda! pity/It's a pity.
škodźić/škodu načinić komu do sb. harm
škórń boot
škrěčeć scream
škrějny tyhel crucible
škrěć melt
škrěwak crucible
škropawy rough, sore
šlager pop song
šlebjerda stripe
šlinkowa chěžka shell
šmjatańca confusion
šnupu měć have a cold
šofer driver
šok shock n.
šokěrować shock v.
šokolada chocolate
šokowany shocked
šokować shock v.
Šota/Šotowka Scotsman/Scotswoman
Šotiska Scotland
šotiski Scottish
Šotojo the Scots
Španičan/ka Spaniard
Španičenjo the Spanish
Španiska Spain

španiski Spanish
španišćina Spanish
špatniši even worse; **špatniši (hač)** worse (than)
špatnišo even worse
špatny bad; poor; **špatny być při/w** be bad at
špihel mirror
špihelować reflect
špundowanje floor
šrub screw
šrubowak screw-driver
što what; **Što budźe?** So what?; **Što dawa k wobjedu?** What's for lunch?; **Što je?** So what?; **Što je so stało?** What is it?; **Što je z Kevinom?** What's wrong with Kevin?; **Što to je?** What is it?; **Što měniš k ...?** What about ...?; **Što měniš k, wo ...?** What do you think about ...?; **Što ty k tomu měniš?** What do you say?
što so ći lubi a njelubi your likes and dislikes
što wobkedźbować take sth. into consideration
što zhromadnje měć have sth. in common
štó who; **Štó z was?** Which of you?
štom tree
štožkuli whatever
štóžkuli whoever
štučka stanza, verse
štwórć quarter; **štwórć na tři** quarter past two; **štwórć po dwěmaj** quarter past two
štwórć bědnych slum
šćežka trail; **šćežka za pućowarjow** trail

šćětka brush
šćětkować brush b.
šćipać pick
šćowkać bark
štwórtk Thursday
šula school
šuler/ka learner, pupil, student
šulerki a šulerjo schoolchildren
šulerska ławka desk
šulska hodźina period
šulska wjednica headmistress
šulske pjenjezy fee
šulski nawoda principal
šulski wjednik headmaster
šulu předundać play truant
šulu zakónčić/wopušćić leave school
šum noise
šunka ham
šwalča tailor
Šwicar/ka Swiss
Šwicarska Switzerland
šwicarski Swiss

T

ta that, the, this
tabela chart, table

tableta tablet
tabu taboo adj.; tabu n.
tačel record
tačelak record-player
tafla - (nasćěnowa) tafla board; **tafla z informacijemi** notice n.
tachometer odometer
tajke něšto things like that
tajke wěcy things like that
tajki such
tajna słužba Secret Service
tajny secret
tak so; **tak zo** so, so that; **(nic) tak zlě** (not) that bad; **tak a tak** anyway; **tak chětře kaž** as soon as; **tak** like this, like that; **Tak ma so to činić.** This is the way you do it.; **tak mjenowany** so-called; **tak někak** just about; **tak ruče kaž** as soon as; **Tak so to čini.** This is how you do it.; This is the way you do it.; **tak spěšnje kaž** as fast as
takle like this, like that
taksa cab, taxi
taksi taxi
talentowany talented
taler plate
talerk saucer
tam yonder, over there; **tam (městno)** there; **tam (prěki, napřećo)** over there; **tam** (směr) there;

tam a sem now and again; **tam deleka** down there; **tam horjeka** up there

tamne those

tamni those

tank tank

tankownja gas station; **tankownja z porjedźernju** garage

tapeta paper

tasać/masać za kim/čim feel for

tastatura keybord

tać melt

te the, these**; te módre** the blue ones

tebje you

teenager teenager

tehdy in those days, then

technika technique

technikar engineer

techniski technical

technologija technology

tekst text

telefon phone, telephone; **telefon wotzběhnyć** answer the telephone

telefonat call, telephone call

telefonować be on the telephone, call, phone v.

telegraf telegraph

telekomunikacija communications

telewizija television

telewiziju hladać watch television
telewizor television
tema theme, topic
temperamentnje lively
temperatura temperature
tempus tense
tepich carpet
tenis tennis
tepić fire, heat v.
tepjenje heating
terapeut/ka therapist
termometer thermometer
teror terror
terorizować terrorize
test test n.
testować test v.
tež too, also; **tež žadyn** not ... either; **tež hdyž** still; **Tež moje měnjenje.** I think so.; **tež nic** neither; nor, neither ... nor
tiger tiger
titel title
tłóčić push
to it, the, this**; To dźe do porjadka.** That's all right.; **To je mi wšojedne.** I don't care.; **To je škoda.** It's too bad.; **To je wšojedne.** Never mind.; **To mi runje hišće falowaše!** That's all I needed.; **To móžeš z połnym prawom prajić.** You can

say that again.; **to na swojim puću k / do ...** on my way; **To nimam za prawe.** I don't think so.; **To njejsym ja był.** It wasn't me.; **To njewadźi.** Never mind.; **To njewěrju.** I don't think so.; **To pak njeje chutnje měnjene!** You must be joking.; **to rěka (t.r.)** that is (i.e.); **to samsne** the same; **To tola njemóže być!** Oh dear!

to that

toast toast

tobak tobacco

toboła bag

tohodla consequently, for this reason, so, that is why, therefore

toileta toilet; **toiletowy artikl** toilet article

tołmačić interpret

tołsty thick, fat

tola after all, yet

toleranca napřećo tolerance (towards)

tolerantny być napřećo tolerant (towards)

tomata/tomaty tomato

tona (waha) ton

tón that, the, this; **tón módry** the blue one; **tón samy** the same as

tortura torture

totalny total

towarstwo company, society

towaršliwy outgoing

towaršnostny social

towaršnosć society
tradicija tradition
tradicionalny traditional
tragedija tragedy
tragisce tragically
tragiski tragic
trajacy permanent
traje it takes
traktor tractor
tramwajka tram; **tramwajka na powjazu** cable car
transplantat transplant n.
transplantěrować transplant v.
transport transport n.
transportować carry, transport v.
trać take; **(wu)trać** last v.
trawa grass
trawnik lawn
trenar coach
trend trend
trening training
trenować practice, train v.
trěbnosć necessity
trěbny necessary
trěwka cloth
trik trick
trjebam hodźinu it takes me an hour
trjebaš (telko a telko časa) it takes
trjebać need v.

Trjechi. That's right.
trjechić hit
trochować estimate v.
trochu a little
trójce ... time(s)
tróšku a little
truba horn, pipe
trubić blow one's horn
trubka pipe
trutak turkey
třasć shake v.
třepotać shake v.
třeći third
třěcha roof
třělba gun, rifle
třělec fire v.; **(za)třělić** shoot
třělwo bullet
tři štwórć na dźesać (hodź) quarter to ten
třihać cut v.
t-shirt T-shirt
tu here
Tu, prošu. Here you are.
Tu rěči Amy Conner. Amy Connor speaking
tučasny present
tučna rich
tučny fat
tuchwilny temporary
tuchwilu at the moment

tujawka cradle
tukać na čo expect
tuni cheap, worthless
tunl tunnel
tura tour
tourist turist
turizm tourism
tute these; **tute wuprajenja maja so přepruwować** these statements want checking
tuteje přičiny dla for this reason
tući these
tuž consequently
twarc builder
twarić build, construct, make
twarjenje building
twarožk cheese
twjerdnyć harden
twjerdy hard
twjerdźenje claim (for/on) n.
twjerdźić claim, harden
twora product
tworić shape, make**; (s)tworić** create
tworićelski creative
twory goods
twój your, yours; **ty** you; **ty měł lěpje/radšo ...** you had better ...; **Ty žortuješ!** You must be joking.
tydźeń week; **4 tydźenje (dołho)** for four weeks
tykanc cake

typ type of
typiski za typical of
tyza box, can, tin

ć

ćah train n.
ćahnyć pull; **(preč) ćahnyć** pull down
ćahnyć dramatically
ćeknyć escape
ćeńki thin
ćerpjeć pod suffer from
ćeta aunt; auntie
ćeža difficulty, trouble
ćežki *(płat)* rich, difficult, hard, heavy, tricky
ćežko dźěłajo/dźěłacy hard-working
ćežkosłyšacy deaf
ćěkańca escape
ćěło body; **ćěło (mortwe)** dead body
ćěłozwučowarnja gym
ćělc bull
ćěmnota darkness
ćěmny dark
ćěšenk baby
ćichi calm, quiet, silently
ćisnyć throw
ćišć pressure, print

ćišćer printer
ćišćerska prasa printing press
ćišćeć print, push
ćmowy dark
ćopłota heat, warmth
ćopły warm

U

uniforma uniform
unija union
uniwersita university

V

via via
volleyball volleyball

W

w in, within; **w 3.00 hodź** at 3 o'clock; **w běhu ...** in the course of ...; **w běhu wječora** in the evening/s; **w centrumje** in town; **w centrumje města** downtown **w chorowni/do chorownje** in/to hospital; **w chwatku** in a hurry; **w cyłku** on the whole; **w dobrej formje być** be in good form; **w domje** indoor, indoors; **w dowolu być** go/be on holiday; **w dowolu** on vacation; **w januarje** in January; **w lěće 1980** in 1980; **w lěću** in the summer; **w měsće** in town; **w mustwje** on the team; **w nastaću** in progress; **w nocy** at night; **w přichodźe** in future; **w porjadku** all right; **w porjadku** okay; **w prěnjej nocy** on the first night; **w radiju** on the radio; **w renće** retired; **w rozhłosu** on the radio; **w słužbje być/w słužbje njebyć** be on duty/off duty; **w sparje** be asleep; **w srjedźišću** in the middle; **w starobje** aged; **w šuli** at school; **W teksće rěka/steji ...** The text says ...; **w telewiziji** on television; **w třoch** at 3 o'clock; **w tutej kónčinje** around here; **w tutym/tamnym nastupanju/zwisku** in this/ that respect; **w ćahu/busu/lětadle** on the train/ bus/plane; **w zymje** in the winter

wabić advertise
wabjenje advertisement, advertising
wabjenski advertising
wačok bag
wadźeńca argument
wadźić komu/čemu affect
wadźić so dla/wo quarrel over/about
wafla waffle
wagon carriage

waha weight
wakuum vacuum
Wales Wales
walić roll
Walizičan/ka Welshman/Welshwoman
Walizičenjo the Welsh
waliziski Welsh; **waliziski lud** the Welsh
warièrować vary from
warić boil, cook v.
warjeny boiled
warnowanje warning
warnować warn
was you
waš your, yours
wašnje custom, style, technique, way; **wašnje rěčenja** speech; **wašnje žiwjenja** way of life
wažić weigh
wažnosć importance
wažny essential, important, major
wbohi miserable
wčera yesterday; **wčera w nocy** last night; **wčera wječor** yesterday evening
wčerawša hodźina yesterday's lesson
we łožu in bed
we wěstym nastupanju in a way
we wokomiku at the moment
we wonych časach then
we wukraju abroad

we wulkim róžku in January
werbalny verbal
wěc thing, concern, matter n.
wěda knowledge, skill
wědomostny academic
wědźeć know, tell**; wědźeć chcyć** wonder v.
wěko lid
wěra (do) belief (in)
wěrić (do) believe (in); think
wěrić, zo hold the opinion that
wěrnosć truth
wěrny true
wěstota security
wěstotny pas seat belt
wěsty certain, confident, definite, safe, sure
wěsće definitely
wěš you know
wěšćić predict
wětřik wind
wětřikojty windy
wězo of course; **Wězo!** Sure!
wěža tower
whisky whisky
wice-prezident vice-president
wid view, visibility
wideo video
widły fork
widźeć see

widźomny visible
wichor storm
wichorojty stormy
wiki fair, market
wikowanje business, deal, trade
wikować do business with; **wikować z** deal with, trade with
wina fault; **wina być na čim** cause v.
windsurfing wind surfing
wino wine
winowatosć duty, obligation
winowaty być něšto činić be obliged to do
winować koho blame sb.
winowc October
wirus virus
wisać hang
witać say hello to, welcome
Witaj! Hello!
witaj/witajće (**w**) welcome (to)
wizum visa
wjace (**hač**) over; **wjace hač** more than; **wjace a wjace** more and more
wjacore a number of, several
wjazaca smužka hyphen
wjazać - (při)wjazać na/k tie to
wjazawka hyphen
wječer supper; (**ćopła**) **wječer** dinner
wječerjeć have tea

wječor evening, night, in the evening/s
wjednik/wjednica boss, leader
wjedro weather
wjele lots/a lot (of), many, much, plenty of; **wjele-, wjace-** multi- multi-; **wjele wjesela měć** have a nice time; **Wjele lubych postrowow/přećow ...** Love; **Wjele wjesela!** Have a good time!
wjelk/wjelki wolf
wjera witch
wjerch ceiling
wjerch prince
wjerchowka princess
wjeršk climax, crisis
wjeršk top
wjerćeć wind
wjes village
wjesele fun
wjeselo joy, pleasure; **wjeselo činić** be fun
wjesnjanosta mayor
wjesoły funny, gay, glad, merry; **wjesoły być** be glad
wjetšina majority
włodyka chief
włosa hair
włosy hair
wliw influence
wnučka granddaughter
wnuk grandson
wo about

wob dźeń daytime
wobaj both of them
wobalka (za list) envelope
wobdaty wot, z surrounded by
wobdźěłane po (knize) adapted from (the book)
wobdźěleny być (na čim/při čim) be involved (in)
wobdźělnik participant
wobdźiwajomny admirable, amazing
wobdźiwanja hódny admirable
wobdźiwać admire
wobeńć avoid
wobě both, both of them
wobhladać sej look at
wobhladować jako consider
wobhnadźić koho reprieve sb.
wobchad traffic
wobchadna ampla traffic lights
wobchadna rěč lingua franca
wobchadne znamjo road sign
wobchadźeć z treat
wobchod shop
wobchodny wjednik manager
wobchować keep, maintain
wobjed dinner, lunch
wobjedować have lunch
wobkedźbować note, notice, watch v.
wobknježić dominate
wobłuk sector

wobłžeć koho lie to sb.
woblěkać put on
wobličo face
woblubowany favorite
woblubowany pola/mjez popular with
wobmjezowanje limit
wobmyslenje reservation
wobmyslić take sth. into consideration
wobnowić modernize, renew, restore
wobnowjomny renewable
wobraz chart, illustration, picture; **(nazorny) wobraz** display; **wobraz krajiny** landscape
wobrazowe podpismo caption
wobrazowka monitor, screen
wobrazy činić take pictures
wobrubjeny wot štomow tree-lined
wobruč tire
wobsadnik invader
wobsadźenje invasion
wobsadźić conquer, invade
wobsah *(naręče, knihi atd.)* content; *(sudobja, ruma, atd.)* contents; table of contents
wobsahować contain, cover
wobsedźer/ka owner**; wobsedźer/ka doma** landlord/landlady; **wobsedźer/ka ležownosćow** landowner
wobsedźeć have got, own, possess
wobskoržić koho take sb. to court

wobskoržić; winu dać komu na čim accuse
wobstarać get, take care of
wobstać exist; **wobstać na** insist on; **wobstać z** consist of
wobstejnosć circumstances
wobswět environment
wobswětowy environmental
wobškodźenje damage
wobškodźić damage v.
wobšudźić cheat sb. of sth.
wobtykowanje corruption
wobćežny annoy
wobćežować annoy
wobwěsnyć koho hang sb.
wobwinować accuse
wobwjaz bandage
wobwliwować (zapósłancow) lobby sb. for sth.
wobwod area, county, district, precinct; **wobwod kopjenja** metropolitan area
wobydler/ka citizen; Highlander
wobydlerstwo population
wobzamknjenje decision
wobzamknyć decide
wobzor horizon
wobžarować feel sorry for
wocl steel
wočakowanje expectation
wočakować expect

wočerstwjenišćo resort
wočerstwjenje recreation
wočinić open v.; **wočinić (z namocu)** break open
wočinjeny open adj.
wočiwidny obvious
woda water
wodać forgive
Wodaj(će)! I'm sorry.; **Wodaj(će), zo přepozdźe du.** Sorry, I'm late.; **Wodaj/će!** Excuse me!
wodnjo daytime
wodomjet fountain
wodopad waterfall
wodosłon hippo
wodowa barba water color
wodowy/łódźny puć (dróha) waterway
wodychnyć relax
wodźaca móc executive
wodźaca mysl theme
wodźacy přistajeny executive
wodźany watery
wodźer driver
wodźidło handlebars, steering wheel
wodźić guide, lead
woheń fire
wohnjostroj fireworks
wohnjowa proba crucible
wohnjowa wobora fire brigade
wohnjowa wobora fire department

wohrěć heat
wohrožować threaten
wojak soldier
wojerski military
wojować fight v.; **wojować z/za** struggle with/for
wokabular vocabulary
wokal vowel
wokno window
woko eye
wokoło *(temporalnje)* towards; around; close to; round
wokoło jězdźić go for a ride
wokolina area, part
wokomik moment; **Wokomik prošu.** Hold on a minute, Wait a minute.
wokrjes county
wokřewny amusing
wola will
wolij oil
wolić *(na telefonje)* dial; hold an election; te for
wołanje call, out n.
wołać cry, shout v.
wołma wool
wołojnik pencil
won off, out; outdoors; **won přińć** come out
won ćisnyć fire
wona she
woni they, those; **Woni smjerdźa.** This is smelly.

wonjerodźeny run-down
wonjeć smell v.
wonka out, outdoor, outdoors, outside
wonkowna politika foreign policy
wonkowne dźěle (města) outskirts
wonkowny minister Secretary of State
wono that
wopačny false, wrong
wopak informować misinform
wopak pisać misspell
wopak zarjadować misplace
wopak zrozumić misunderstand
wopaki false, wrong
wopalenje wot słónca sunburn
wopica monkey
wopisać characterize, describe, picture
wopismo document
wopłoknyć flush the toilet
wopłokować wash the dishes; **(z)wopłokować** do the dishes
wopłóčki sewage
wopodstatnjenje reason
wopominanje memory
wopomnišćo memorial
wopor victim
woprašowanje/naprašowanje k, wo survey of/on
woprawdźe actually, in fact, indeed, just, really, sure, truly; **Woprawdźe?** Well

woprawdźitosć reality
woprawdźity real, truly
wopřijeć cover v.
wopřijeć include
woptać taste v.
wopušćić abandon, drop out (of school), let down (sb.)
wopyt visit
wopytar/ka visitor
wopytać attend, come over, visit; **wopytać/na wopyt přińć** come and see
wosebity special
wosebje especially, particularly; **wosebje při brjoze** wrecker
wosłabić weaken
woslepić go blind
wosoba character, individual, person
wosobinski personal
wosobowy personal
wospjetowanje repetition
wospjetować repeat; **wospjetować (maćiznu)** revise
wospjetować brush s.th. up
wosrjedź in the middle
wostajić leave; **wostajić - (wonka) wostajić** keep (out)
wostań/će při aparaće/telefonje hold the line
wostać remain, stay
wostuda boredom
wostudły boring

wostudźeny bored

wot by, for, from, of, out of, since; **wot horjeka hač dele** from top to bottom; **wot horjeka hač dele** from top to bottom; **wot něčeho žiwy być** live on sth.; **wotnětka** as from now; **wotnětka** from now on

wotběžeć go on

wotbočić turn v.

wotbyć get rid of

wotemrěć die out

woteńć go away, leave; **woteńć/wotjěć do** leave for

wotewrjenski čas opening times

wotewrjeny open adj.

wotewzać collect, fetch, meet

wothłosowanje vote

wothladajo wot apart from

wotchilnosć wot dislike of/for

wotjěć leave

wotjěć depart from

wotjězd departure

wotkładować - (wotpadki) wotkładować dump

wotkładować unload

wotkryć discover, reveal

wotkryće discovery

wotlećeć wot depart from

wotlět departure

wotměnić vary

wotmołwa answer n., **wotmołwa na** reply to
wotmołwić answer v.; **wotmołwić na** reply to v.
wotmyslić intend, plan
wotnaječ hire, rent v.
wotnajenske pjenjezy rent n.
wotnajenski dom apartment house
wotnětka as from now, from now on, in future
wotnjesć take
wotnošeny shabby
wotnožka branch
wotpadki waste n.
wotpadkowa (bleša) non-returnable (bottle)
wotpadkowe hospodarstwo waste management
wotpadkowy non-returnable
wotpisać copy v.
wotpłun exhaust fumes
wotpočnyć relax
wotpohlad intention; **wotpohlad měć** intend
wotpokazać disagree with, refuse, reject
wotpołožić put down
wotpowědnje according to; **wotpowědnje tomu** accordingly
wotpowědny proper
wotpowědować correspond to
wotpowědujo according to
wotpósłać post; **(list) wotpósłać** air mail
wotprawić execute

wotprawjenje execution
wotpućowanje departure
wotpućować depart from
wotrězać cut v.
wotrězk paragraph, sector
wotstajić put down
wotstawk distance
wotstronić abolish, get sth. out of the way
wotstronjenje (wotpadkow, smjećow) disposal (with)
wotsćin shade
wottorhać pull down
wottrašić frighten sb. away
wottřělna/wutřělna rampa (za rakety) launching pad
wotćahnyć pull down
wotućić wake up
wotwisny być wot depend on
wotwisować wot depend on
wotwobroćić avoid
wotwody sewage
wotwodźić wot infer from
wotwožowanje wotpadkow waste management
wotzběhnjenje take off n.
wotzběhnyć słuchatko answer the telephone
wotzjewić - so (pisomnje) wotzjewić sign out/in
Wow! Wow!
wowca sheep
wowča/skótna farma sheep/cattle station

wowka grandmother
wozjewjenje declaration, item, notice
wozjewić declare, publish
woznam meaning, sense
woznamjenić mark
woznamjenjeć mean v.
woženjeny (z) married (to)
wožiwić (znajomosće) brush s.th. up
wóčko eye
wód - (telefono)wód line (telephone)
wójna war
wójsko army
wólba election
wólberny silly
wólby election; **wólby wotměć** hold an election
wólnočasna zaběra recreation
wón he; **Wón je pječa ...** He is believed to be ...; **Wón je pječa mortwy/zemrěł.** He is said to be dead.
wóń smell v.
wósk wax
wótře aloud, loud, noisy
wóz car, carriage
wrota gate, goal *(sport)*; **wrota třělić** score
wrótny crazy; **wrótny być za** be crazy about
wróćo back, backwards; **wróćo dźeržeć/wotdźeržeć** discourage sb. from doing sth.; **wróćo sahać** go back

wróćomna bleša returnable bottle
wšak however; you know; you see
wšelaki different from, rious
wšelakorosć variety
wšelakory mixed
wšelakosć variety
wšědnje daily, everyday
wšědny daily, everyday; **wšědny/dźěłowy dźeń** weekday
wšitcy all
wšitko all, everything
wšo everything
Wšo dobre k narodninam! Happy birthday (to you)!
Wšojedne. It doesn't matter.; **wšojedne (kak/što)** no matter (how/what)
wšón the whole
wšudźe all over, everywhere, throughout
wćipny być (na) curious (about); **wćipny być** wonder v.
wubědźowanje competition, race; **wubědźowanje wotměć** have a race; **wubědźowanje zarjadować** have a race
wubědźowanska čara track
wubědźowar racing driver
wuběrk (na) choice (of)
wuběrny brilliant, delicious, excellent
wubrać choose
wubuchnjenje explosion

wučbnica textbook
wučer instructor, teacher
wučerpany tired; **wučerpany być wot** be tired of
wučić teach
wucho ear
wudać (zakoń) pass
wudata (na) married (to)
wudaće number
wudawać (pjenjezy) spend
wudawać, zo pretend
wudźenje fishing
wudźěłać work out
wudźělić distribute, hand out
wudźić hić/chodźić go fishing
wudospołnić complete v.
wudowa widow
wudowc widower
wudychać breathe in/out
wuhłódnić starve
wuheń chimney
wuhlad view
wuhlikowy dioksid carbon dioxide
wuhlo coal
wuhnać frighten sb. away
wuhotowanje equipment
wuhódać (hódančko) solve
wuchod east
wuchodnje east

wuchodźowanje walk n.
wuchowanski čołm lifeboat
wuchowanski powjaz lifeline
wuj uncle
wujasnić explain
wujasnjenje explanation
wujednanje arrangement
wujednać arrange
wukaz act
wuknyć learn, study
wukonječ do well
wukonliwje efficiently
wukrajnik/wukrajnica foreigner
wukrajny foreign
wukřik scream
wukubłanje education, training
wukubłać train v.
wulce greatly
wulět trip; **wulět/jězbu činić** go on a trip
wulězć get off; get out
wuličić work out**;** **wuličić (nadawk)** solve
Wulka Britaniska Britain
wulka myš rat
wulki big, great, large, tall; **Wulki dźak.** Thank you very much.; **Wulki dźak.** Thanks a lot.; **Wulki/wutrobny dźak.** Thank you very much.; **wulki pismik** capital letter
wulki róžk January

wulkoměsto city
wulkomyslnje generous
wulkonakupowarnja supermarket
Wulkotnje! Wow!
wulkotny great, wonderful
wulkosć size
wuměłstwo art
wuměłstwowy artificial
wuměnić exchange v.
wuměnjenja conditions
wumóženje survival
wumóžić save
wumrěć na/z die of
wunamakanje invention
wunamakanka invention
wunamakany imaginary
wunamakar inventor
wunamakać find out, invent, make up
wunošować deliver
wuńć escape, get along, run out; **wuńć z** get along with; **wuńć bjez** do without sth.
wupadać look v.
wupakować unpack
wupis(k) z excerpt from
wupjelnić complete, fill in (form)
wupožčić borrow, lend
wuprajenje saying, statement
wuprašować question

wuprózdnić empty v.
wupuć alternative
wupućowanje emigration
wupućować emigrate, go away
wupyšenje decoration
wupytać choose
wurada guidance
wuraz expression
wuraznje explicitly
wurazny explicit
wurěkowanje pronunciation
wurěkować pronounce
wurězk z extract from
wurisanje competition
wurjadnje greatly
wurjadny brilliant, excellent, fantastic, unusual
wurubić rob
wusadźić abandon v.
wuska hasa alley
wuski narrow, tight
wuskutk effect
wuslědk result
wuslědźenje discovery
wuslědźić discover, explore, learn about
wusmahnjenosć sunburn, suntan
wusměšować make a fool of oneself
wusnyć fall asleep

wuspěch success; **wuspěch měć** make it
wuspěšny successful; **wuspěšny być (při)** succeed (in)
wustawa constitution
wustróžany być (před kim/čim) be horrified at sth./sb.
wustróžany terrified
wustupić get off, get out
wustupowanje appearance
wusud sentence
wuswobodźić free v.
wusypnyć dump
wušěrić widen
wušiknosć skill
wutora Tuesday
wutroba heart
Wutrobne zbožopřeća k narodninam! Happy birthday to you!
Wutrobne zbožopřeća! Congratulations!
wutrobnje sincerely
Wutrobny dźak. Thank you very much, Thanks a lot.
wutřěl shot
wućah z extract from
wućeknyć escape
wuwić - (so) wuwić develop
wuwiće development
wuwěšk notice n.
wuwołak exclamation mark
wuzběhnyć emphasize, stress v.

wuznam meaning
wuznamny famous, great, major
wuznaće confession
wuzwolić choose
wuzwolić/wolić koho jako/za elect sb./sth.
wužitny helpful, useful
wužiwanje use n.
wužiwar consumer
wužiwać use v.
wužadanje challenge
wužadać challenge, demand v.
wy you; **wy ludźo** you guys; **wy kadlojo** you guys
wysoki high, tall; **wysoki zastojnik/funkcionar** bigwig
wysoko highly
wysokodom skyscraper
wysokosć height
wysokowuwita technologija high technology
wyša šula high school
wyše toho anyway, furthermore
wyše/nimo (toho) besides adv., prep.
wzajomnje each other

Y

yard yard

Z

z from, of, out of, with, since; **z ... dele/won** off; **z ćaha wulězć** get out of the train; **z ćahom** by train; **z awtom** by car; **z awtom jězdźić** drive; **z busom** by bus; **z busom** by coach; **z druheje strony** alternatively; **z druheje strony** on the other hand; **z čołmom/łódźu** by boat; **z formu (čeho, koho)** shaped; **z jedneje strony** on the one hand; **z kolesom** by bike; **z kolesom jězdźić** cycle **z kolesom/koleso/na kolesu jězdźić** go by bike; **z kolijow ćisnyć** upset; **z lětadłom** by plane; **z lětadłom posrědkowany póst** air mail; **z lětadłowym póstom** by air mail; **z lubym/najlěpšim postrowom** best wishes; **z měštnami** in between; **z něčim na někoho pokazać** point sth. at sb.; **Z přećelnym postrowom.** Your's faithfully.; **Z (hłubokim) počesćowanjom.** Your's faithfully.; **z předsudkami (napřećo)** prejudiced (against); **z přirodu zwjazany** close to nature; **z pomocu (wot)** by; **z pomocu** with the help of; **z radosću/z wjeselom činić** enjoy; **z respektom** respectful; **z toho časa, zo** for; **z tuteje přičiny** for this reason; **z tym/přez to** in doing sth.; **z werbom tworjeny** verbal; **z wěstosću** definitely; **z wětřikom** down-wind; **z wozom** by car; **z wukraja** from abroad; **Z wutrobnym/**

přećelnym postrowom. Sincerely (yours) ...; **z wuznamom (za)** relevant

za + ***instr.*** beyond

za after, behind, for, per; **za minutu** in a minute; **za morjom/za morjo/ze zamorja** overseas; **za někoho/něšto sympatiju začuwać/měć** be/feel sympathetic towards sb./sth.; **za sebje sam** itself; **za swojeho přiwzać** adopt; **za to** instead; **za tón čas** during; **za wokomik** in a minute

za/na něšto přihotowany być be prepared to do sth.

za-/přestać stop v.

zabawa entertainment

zabawny amusing, enjoyable

zaběra activity

zabiwańca massacre

zabrać - (stejišćo) zabrać adopt

zabyć forget, leave

začinić close, shut; **začinić (firmu, zawod)** close down

začinjeny closed

začuće emotion, feeling

zadni back; **zadni dźěl** back

zadobywanje invasion

zadobywar invader

zady behind

zadychać breathe in/out

zadźeršenje behavior

zadźeržeć stop v.; **zadźeržeć koho** hold sb. up

zadźiwanja hódny amazing
zadźiwany być (nad) amazed (at, by)
zahe early
zahłódnić starve
zahority přiwisnik fan
zahorić cheer
zahorjeny być wot enthusiastic about
zahorjeć fascinate
zahroda garden; **zahroda při chěži** backyard
zachod do entrance to
zachować maintain
zajeć arrest v.
zaječe arrest n.
zajim interest
zajimawostka sight
zajimawostki wobhladać see the sights
zajimawy interesting
zajimować interest
zajimowany być na čim/za čo interested in
zajězd entry
zajutřišim the day after tomorrow
zak pocket
zakitować defend
zakitowanje defense
zakład basis, fundament
zakładna šula elementary school
zakładnje basic
zakładny basic

zakomdźić miss
zakonski legal
zakoń act, law
zakónčić come to an end**; (šulu dočasnje) zakónčić** drop out (of school)
zakuzłać bewitch
zakuzłany być under a spell
założba foundation
założić (swójbu) raise
założić found, start
zaleć pour
zaliw bay
zalězć do get on, get in
zaměnić change v., confuse, mix up, *(pjenjezy)* exchange; **zaměnić z** mix with
zaměr aim, goal, point
zaměšeć confuse, mix up
zamjerznjene/zamróžene/mróžene žiwidła frozen food
zamk lock n.
zamknyć lock v.; **zamknyć (so)** lock (in)
zamołwitosć responsibility
zamołwity za responsible for
zamołwjenje apology, excuse
zamordowanje killing
zamordować assassinate, kill
zamórski overseas
zamóžnosć ability, skill

zamyleny puzzled
zamysleny thoughtful
zanjerodźenje wobswěta pollution
zanjerodźić (wobswět) pollute
zapadnje west of
zapadny western
zapakować pack
zapalić burn v.
zapalka match n.
zapinjeny być be on
zapis wobsaha table of contents
zapisać note sth. down, put down, put in, record
zapisk *(w dženikach)* entry
zapleńčić (dźěći) spoil
započatk beginning, start n.
započatkar/ka learner, starter
započeć begin, start
započoženje layout
započožić misplace
zapósłanc representative
zaprajić fail
zapróšeny dusty
zapřijeć include
zapućowanje immigration
zapućowar immigrant
zapućować go away, immigrate; **zapućować do** enter
zarjad office
zarjadnišća facilities

zasadnje basic
zasadźić fill in, put in
zasłužić earn
zasněženy snowy
zaso again
zasopowědać retell
zaspany sleepy
zasparnić send sb. to sleep
zastanišćo stop n.
zastaranje care, day care
zastaranje z bydlenjemi housing
zastarać provide, supply, treat
zastojnik officer, official
zastupić do get on, enter, get in, go in
zastupnik representative
zastupny lisćik ticket
zastupowacy prezident vice-president
zastupować represent
zasudźić condemn
zaswěćić light v.
zašaltować/wotšaltować switch on/off
zašłosć past
zašłu nóc last night
zašłu sobotu last Saturday
zašły past; **zašły wječor** last night
zašmjatać confuse
zatamać condemn
zatelefonować ring up

zatepić (koho) drown
zatrašić koho frighten
zatwarić install
zatykana dróha traffic jam
zaćahnyć (z namocu) invade
zaćěkany sore
zaćišć impression; **zaćišć činić/budźić** pretend
zawidny jealous
zawinować što cause v.
zawěsće definitely
zawěšk curtain
zawjedźenje introduction
zawjeselić koho do sb. a favor, please
zawjesć introduce, mislead
zawod factory; introduction
zawodny introductory
zawodźěć cover v.
zawostajić leave, leave sth. behind
zawrěć (do) lock (in), close, shut v.
zawrjeny closed
zazwonić ring up, ring v.
zazwonjenje call n.
zbankrotować go broke
zběhanje wahow weightlifting
zběhnyć hold up, lift, pick up, raise, take sth. up
zběrać collect, pick, pick up, raise
zběžk rebellion, riot
zběžkar rebel

zbić conquer, defeat v.
zbožo happiness, luck; **zbožo měć** be lucky
zbožowny happy; **zbožowny być** be lucky
zbrašeny disabled
zbytk rest
Zda so to tebi znate? Does this ring a bell?
zdalenosć distance v.
zdaleny away, far
zdać - so zdać, (zo) appear to be
zdokonjeć do well
zdónk (štoma) trunk; **(słowny) zdónk** stem
zdwórliwosć friendliness, politeness
zdwórliwy polite
zdychnjenje sob n.
zdychnyć sigh
zdźeržeć maintain
zdźeržliwy shy
zdźěla partly
zdźělenka item
ze słowami so wobarać answer back
ze smjećemi zanjerodźić litter v.
ze wšej mocu hard
ze začućom emotionally
zelenina vegetables
zeleny green
zelo (k hojenju) herb
zemja earth, ground, land, soil
zemjan lord

zemjanski noble
zemjerženje earthquake
zemske pokłady natural resources
zesłabić něčeje sebjewědomje deflate sb.'s ego
zestajane słowo compound (word)
zestaječ što make up
zestaječ z make up
zestarić grow old
zestatnić nationalize
zestróžany upset about
zešiwk - (zwučowanski, šulski) zešiwk exercise book
zetkanje meeting
zeznać get to know
zežiwić feed, maintain
zhonić wo learn about
zhotowjene z (wóska) made of (wax)
zhromadnje together; **zhromadnje dźěłać** cooperate; **zhromadnje wužiwać** share (with)
zhromadnosć community
zhromadny common
zhromadźenstwo association
zhromadźizna assembly, meeting
zhromadźiznu wotměć hold a meeting
zhubić lose
zjawnosć public
zjawny public
Zjednoćene kralestwo the United Kingdom
Zjednoćene narody the United Nations (UNO)

Zjednoćene staty Ameriki the United States of America
zjednoćeny united
zjednoćić match v.
zjeć summarize
zjeće summary
zjewić appear so
zjewjenje appearance
zjěsć finish v.
zła smorkawa a bad cold
złamany broken
złoby rage
złoto gold
złožić - (městno) złožić quit; **złožić (pruwowanje)** pass; **złožić na** (na př. kedźbnosć, woči) point to/at
złóstnik criminal
złóstnistwo crime
złóžka syllable
zły bad, serious
zlemić break v.
zlě serious
zlě/hroznje zachadźeć z kim/z čim mistreat
zlětować flutter
zlěwa on the left; **zlěwa/sprawa** on the left/right
zličbowanka bill
zliwk shower
zludanje disappointment

zludać disappoint
zmandźeleny (z) married (to)
změna exchange, shift n.; **změna (pjenjezy)** change
změnić change, exchange, vary
změrom stać stand still
změrować calm down
změšany mixed
zmij dragon
zmištrować master v.
zmjechčić soften
zmjerzlina ice-cream
zmjerzlinarnja ice-cream parlor
zmjerznyć freeze
zmłóćić beat sb. up
zmorskać koho beat sb. up
zmotacy punishing
zmotany depressed, upset about
zmužity brave
zmylk accident, fault, mistake
zmysł point, sense; **zmysł měć** make sense
znajmjeńša anyway, least
znamjo sign; **(widźomne) znamjo** landmark
znamka grade; **(listowa) znamka** stamp
znaty familiar, famous, known, well-known; **znaty być za čo** be known to do sth
znać know
zničeny in ruins
zničić abolish, destroy, ruin v.

znjemdrić drive sb. mad
znjeměrnić concern for, upset
znjeměrnjeny troubled
znjesliwy bearable
znjewužiwanje misuse n.
znjewužiwać misuse v.
znjezbožić crash into
znowa again; **znowa natwarić** rebuild, restore; **znowa organizować** reorganize; **znowa pisać** rewrite; **znowa pjelnić** refill; **znowa předźěłać** recycle; **znowa pomjenować** rename; **znowa rjadować** rearrange; **znowa wužiwać** recycle; **znowa wužiwajomny** recyclable; **znowa wuzwolić** reelect
znowawužiwanje recycling
znutřka within
zo for, so that, that; **zo (by)** in order to, to; **zo so** that; **zo so čini** be worth doing
zoka sock
zrały ripe
zranić hurt; wound
zranjeny injured, sore
zrawić ripen
zrazyć do crash into
zražka crash
zrěčenje contract, deal
zrědka rarely

zrozumić interpret, understand; **zrozumić pod** mean by
zrozumjace słuchanje (na přikład: cuzorěčnych tekstow) listening comprehension
zrozumjenje understanding
zrozumliwy understandable
zrudny miserable, sad
zrudoba sadness
zrudźeny dla upset about
zub, pl. zuby tooth
zubna pasta toothpaste
zubna šćětka toothbrush
zwada argument, quarrel
zwěrjenc zoo
zwěrjo animal; (**domjace**) **zwěrjo** pet
zwěsćić discover, note, notice
zwisk connection, contact, context, service
zwjazać match v.; **zwjazać z** combine with, connect to/with
zwjazany być přez/z be linked by/with
zwjazk association, combination, union
zwjazkowy federal
zwjeselacy enjoyable
zwjetša mostly, usually
zwonić ring v.
zwonka outside
zwonkašulske aktiwity extra-curricular activities
zwoprawdźić realize

zwostać remain
Zwotkel pochadźeš? Where are you from?
Zwotkel pochadźeće? Where are you from?
Zwotkel sće? Where are you from?
Zwotkel sy? Where are you from?
zwólniwy ready, willing**; zwólniwy być něšto činić** be prepared to do sth.
zwón bell
zwrěšćenje *(bursy)* crash
zwrěšćić fail
zwučenosć custom, habit
zwučeny familiar, usual
zwučowanje exercise, gymnastics, practice
zwučowanski nadawk exercise
zwučować practice v.
zwuk sound, tone
zwuraznić express
zwuraznjenje expression
zyma cold, winter
zymny cold, cool
zynk sound, tone

Ž

žaba frog
žadanje claim, claim (for/on); **žadanje za** demand for

žadać demand
žadny scarce
žadyn no; **žadyn** nobody/no one; **žadyn wjace** no more, not ... any more; **žadyn z** neither of; **žadyn z/wot** none of
žaket jacket
žałostny awful, terrible
žałosćić moan
žedźba za złotom gold rush
žehlawka bulb
žehlenje glow
železnica railway
železniska čara railway
železo iron n.
žehlidło iron n.
žehlić iron v.
ženje never, not ever
žeńtwa marriage (to)
Žid/Židowka Jew
židowski Jewish
žiwidła food
žiwidłowy wobchod grocery store, store
žiwje lively
žiwjenje lifetime, life
žiwjenjoběh - (krótki) žiwjenjoběh profile
žiwjenski čas lifetime
žiwosć liveliness
žiwy busy, alive; **žiwy być** exist, live

žić heal
žně harvest
žnjenc August
žołdkbolenje (a) stomach ache
žołma wave
žołty yellow
žona lady, woman
žort joke
žónska female n.
žónski female
žórło source
žortować be fun
žurk hamster
žurla hall

English-Sorbian Dictionary

A

a jedyn, jedna, jedne
A.D. (anno domini) po Chrystusu, po našim ličenju časa
a.m. (ante meridiem) rano, dopołdnja *(při podaću časa)* na př.: at 10.30 am
abandon wopušćić, wusadźić
abbey 1. abtownja, cyrkej; 2. klóšter
abbreviation skrótšenka
ability kmanosć, zamóžnosć
able kmany; **be able to** kmany być, móc
abolish wotstronić, zničić
about 1. wo; 2. něhdźe, někak; 3. dla; **like sth. about sb.** něšto pola někoho rady měć, něšto na někim lubować; **What about ...?** Kak by było (z) ...?
above 1. nad; 2. horjeka
abroad we wukraju, do wukraja; **from abroad** z wukraja
absent njepřitomny; **be absent** přitomny njebyć
absorb absorbować
abstract abstraktny
academic akademiski, wědomostny
accent akcent, přizwuk
accept akceptować, přiwzać

access přistup
accident (wobchadne) njezbožo; zmylk, mylenje
according to wotpowědujo, wotpowědnje, po
accordingly adv. wotpowědnje tomu
account - on no account pod žanymi wuměnjenjemi, na žadyn pad, nihdy nanihdy, scyła nic
accuse wobwinować, wobskoržić, winu dać komu na čim
ache n. ból, bolenje; v. boleć; **(a) stomach ache** žołdkbolenje, brjušebolenje
achieve docpěć
acid rain kisały dešć
acquire sej přiswojić, sej wuběďźić
acre acre *(měra/jednotka přestrěnje)*
across 1. přez, prěki přez; 2. na druhi bok, přez
act n. skutk, čin, akt; zakoń, wukaz; v. jednać; hrać, předstajić
active aktiwny
activity aktiwita, projekt, zaběra
actor dźiwadźelnik, hrajer
actress dźiwadźelnica, hrajerka
actually woprawdźe; poprawom
adapted from (the book) po, wobdźěłane po (knize)
add přidać, dodać, aděrować
additional přidatny, dalši
additionally přidatnje, nimo/wyše toho
additive přidawk
address n. adresa; v. narěčeć koho, so wobroćić/wobroćeć na koho

admirable wobdźiwajomny, wobdźiwanja hódny
admire wobdźiwać, česćić (sej)
admit přidać; dowolić, přizwolić, (nutř) pušćić
adopt adoptować, za swojeho přiwzać; (stejišćo) zabrać
adult dorostły čłowjek, dorosćeny
advantage lěpšina; přewaha
adventure dyrdomdejstwo
adventurer dyrdomdejnik
advertise reklamu činić, wabić, so prócować wo
advertisement reklama, nawěšk, wabjenje
advertising 1. reklama, wabjenje; 2. wabjenski
advice rada, pokiw
advise radźić, pokiwy dawać
affect nastupać, so wuskutkować; hаćić, wadźić komu/čemu
affection for přichilnosć/lubosć k čemu
afford sej dowolić (móc), sej popřeć
afraid - be afraid (of) so strachować, so bojeć koho/čeho; **I'm afraid.** Boju so ..., bohužel, nažel
Africa Afrika
African 1. afriski, 2. Afričan/ka
after po; po tym; za; **after all** skónčnje, při wšěm, tola; **after that** po tym
afternoon popołdnjo; **Good afternoon.** Dobry dźeń! (po 12.00 hodź.) **in the afternoon(s)** popołdnju;

on that afternoon na wonym popołdnju; **this afternoon** dźensa popołdnju
afterwards po tym, pozdźišo
again zaso, znowa, hišće raz
against přećiwo
age staroba
aged w starobje, lětny
aggressive agresiwny
ago před; **not long ago** před krótkim, njedawno
agree with přezjedny być z, přihłosować k; so dojednać
aid pomoc, podpěra
aim n. zaměr; cil; **aim at** so měrić na; chcyć; měć wotpohlad
aimless bjez zaměra, bjez cila
ain't (is not) njeje
air mail lětadłowy póst
air powětr
air-conditioning klimatiska připrawa
airport lětanišćo
alcohol alkohol
alcoholic 1. alkoholiski; 2. alkoholikar
alcoholism alkoholizm
alive žiwy
all 1. wšitcy, kóždy, wšitko; 2. cyły, cyle; **all of you** kóždy z was; **all over** wšudźe; **all right** derje, w porjadku; **I'm all right**. Mi so derje wjedźe. Sym strowy. **It's all right for sb.** Někomu so

derje wjedźe. Něchtó ma so derje. **That's all right.** Derje. Prošu (jara). To dźe do porjadka.

alley wuska hasa, přechod

alligator aligator

allow dowolić; **be allowed to** směć, dowolnosć měć

almost nimale, skoro

alone sam

along po; **bring along** sobu přinjesć; **go along** sćěhować koho, slědować komu

aloud wótře

Alps Alpy

already hižo

also tež; **not only ... but also** nic jenož ..., ale tež

alternative 1. alternatiwa, wupuć; 2. alternatiwny, druhi, hinaši

alternatively alternatiwnje, z druheje strony

although byrnjež, hačrunjež

altogether 1. (wšo) hromadźe/dohromady, cyłkownje; 2. cyle, dospołnje

aluminum aluminium

always stajnje, přeco

am sym

amazed (at, by) zadźiwany być (nad)

amazing zadźiwanja hódny, wobdźiwajomny

ambulance chorobny wóz, chorobne awto; **ambulance man/woman** sanitetar/ka

America Amerika

American 1. ameriski; 2. Amerićan/ka

among mjez
amount suma; mnóstwo
amusing amizantny, zabawny, wokřewny
an jedyn, jedna, jedne
analysis analyzować, přepytować
ancestor prjedownik
ancient stary, historiski, antikski, prjedawši
and a
anger at hněw na/nad
Anglo-American 1. Angloameričan/ka; 2. anglo-ameriski
Anglo-Irish anglo-iriski
Anglo-Saxon 1. angelsakski; 2. angelsakska rěč, angelsakšćina; 3. Angelsaks/Angelsaksowka
angry with hněwny na, rozhněwany na
animal zwěrjo
annoy mylić, wobćežować, hněwać; **annoying** hněwny, mjerzaty, mjerzacy, wobćežny; **be annoyed** rozhněwany/rozmjerzany być, so mjerzać
annual lětny
anorak anorak
another 1. druhi, druha, druhe; 2. hišće/jedyn, jedna, jedne
answer v. wotmołwić; n. wotmołwa; **answer back** lózysce wotmołwić; ze słowami so wobarać; **answer the telephone** wotzběhnyć słuchatko, přijimać telefonat

anthem - national anthem narodna hymna
anti- anti-, napřećo komu/čemu
anxiety strach, starosć
any něchtóžkuli, něštožkuli, kóždyžkuli; **not ... any** docyła ničo, nichtó; **not ... any more** hižo nic wjace, ničo wjace, nichtó wjace; **anybody/anyone** něchtóžkuli, něchtó; **not ... anybody** nichtó, žadyn
anything něšto(žkuli); **not ... anything** ničo; **Anything else?** Hišće něšto? Hewak hišće něšto?
anyway wyše toho, docyła; tak a tak, na kóždy pad; znajmjeńša
anywhere něhdźe, něhdźežkuli; **not ... anywhere** nihdźe
apart dźěleny, rózno; **apart from** wothladajo wot, nimo
apartment bydlenje; **apartment house** podružny/wotnajenski dom; **apartment building** dom, bydlenski dom, podružny dom
apologize to sb. so zamołwić pola koho
apology zamołwjenje
apostrophe apostrof
appeal to so lubić, so spodobać
appear so zjewić; **appear to be** so zdać, (zo)
appearance zjewjenje, wustupowanje; podoba, napohlad
apple jabłuko

apply for próstwu stajić wo, prócować so wo
apply to nałožować na, płaćić za, nałožować móc na
appreciate česćić, hódnoćić, sej wažić, připóznać
April apryl, jutrownik
Arab 1. arabski; 2. Arab/ka
Arabic 1. arabšćina; 2. arabski
are sy, smój, smy, sće, su
area płonina, přestrěń; kónčina, krajina, wobwod, wokolina
argue (about) so wadźić wo, so torhać wo, so hadrować dla
argument argument, přičina; zwada, rozkora, wadźeńca
ark archa; **Noah's ark** archa Noacha
arm ruka
armchair křesło
arms brónje
army armeja, wójsko
around dokoławokoło; wokoło, kołowokoło; **around here** něhdźe tu, w tutej kónčinje
arrange rjadować; dorěčeć, wujednać, so dojednać
arrangement dorěčenje, dojednanje, wujednanje
arrest n. zajeće; v. zajeć
arrival přijězd, přichad, přilět
arrive dojěć, dóńć, dolećeć, přińć, přijěć
arrogant naduty, arogantny
arrow kłok, šip
art wuměłstwo

article artikl
artificial kumštny, wuměłstwowy, dźěłany
as 1. hdyž, jako; 2. dokelž; 3. kaž, kak; **as early as** hižo; **as far as** hač k/do **as from now** wot nětka, wotnětka; **as if** jako/kaž by; **as late as** hakle; **as long as** dołhož, dalokož; **as fast as** tak spěšnje kaž; **the same as** samsny, tón samy, samsna samsne kaž; **as soon as** tak ruče kaž, ručež; **as well as** a tež, runje tak kaž
ash popjeł
Asia Azija
Asian 1. aziski; 2. Azičan/ka, Aziat/ka
ask so prašeć; prosyć; **ask a question** so prašeć; **ask for sth.** prosyć wo čo
asleep - be asleep spicy, w sparje; spać; **fall asleep** wusnyć
aspect aspekt, hladanišćo, stejišćo
aspirin aspirin *(lěk, tableta)*
assassinate zamordować, morić (hłownje z politiskich přičin)
assembly zhromadźizna; **assembly line** montažny pas
assistant předawar/ka; asistent/ka, pomocnik/pomocnica
associate with duchownje zwjazać z, asociěrować
association zhromadźeństwo, zwjazk; asociacija
astronaut astronawt
asylum asyl

at při, pola; **at one's house** pola někoho doma; **at Easter** jutry, na jutrach; **at first** najprjedy, spočatnje, na spočatku, jako prěnje; **at home** doma; **at last** skónčnje, na kóncu, naposledk; **at least** znajmjeńša; **at night** w nocy; **at once** hnydom; **at school** w šuli; **at the end** na kóncu, skónčnje; **at the weekend** kónc tydźenja, na kóncu tydźenja; **at the moment** nětko, we wokomiku; **at 3 o'clock** w 3.00 hodź., w třoch; **at 22 Albert Road** na hasy "Albert Road" čo. 22; **at work** na dźěle, při dźěle; **be good/bad at** dobry być při/we // špatny być při/we; **look at** hladać na, sej wobhladać; **not at all** scyła/docyła nic; Prošu (jara)! Ničo wo to! *(wotmołwa na dźak)*

athlete sportowc, (lochko)atlet

athletic sportowski, atletiski

athletics lochkoatletika

atmosphere atmosfera

attack n. nadběh, ataka; v. nadpadnyć, atakować

attend wopytać, so wobdźělić

attention kedźbnosć, kedźbliwosć; **pay attention to sth.** na něšto kedźbować, něšto wobkedźbować

attitude towards stejišćo/pozicija k

attract přiwabić, přićahnyć

attraction atrakcija

attractive powabny, atraktiwny

au pair au-pair-holca/hólc (njepłaćena/y – za to

darmo žiwa/y pomocnica/pomocnik w jednej swójbje)

audience publikum, přihladowarstwo, přisłucharstwo

August awgust, žnjenc

aunt; auntie ćeta

Australia Awstralska *(stat)*, Awstralija *(kontinent)*

Australian 1. awstralski; 2. Awstralčan/ka

Austria Awstriska, Rakuska

Austrian 1. awstriski; 2. Awstričan/ka

authentic awtentiski, prawy, ryzy

author awtor

auto mechanics awtomechanika, awtotechnika

auto(mobile) awto, awtomobil

automatic(ally) awtomatiski

autumn nazyma; **in the autumn** nazymu

available k dispoziciji stejacy, eksistowacy

avenue aleja

average 1. přerězk; 2. přerězny

avoid wobeńć, so wuwinyć čemu; wotwobroćić

aware - be/become aware of sth. sej wuwědomić, spóznać što/koho or sb.

away 1. preč; 2. zdaleny; **go away** wupućować, woteńć; **throw away** preč ćisnyć

awful žałostny, grawoćiwy, strašny

ax sekera

B

baby ćěšenk, baby
baby sitter hladar/ka, dohladowar/ka dźěći
back 1. wróćo; 2. zadni dźěl; chribjet; 3. zadni
back home doma
background pochad; pozadk
backwards wróćo
backyard zahroda při chěži
bacon (přerosćeny) połć
bad špatny; zły; **a bad cold** zła smorkaw; **be bad at** špatny być při/w; **It's too bad.** To je škoda.
bag toboła, sak, wačok; **mixed bag** (pisana) měšeńca
baker pjekar/ka
balcony balkon
bald plěchaty
ball bul; bal, reje; kulka (třělby)
banana banana
band kapała, hercy, band
bandage bandaža, wobwjaz, binda
bank lutowarnja, banka
banking 1. bankowy; 2. bankownistwo
bar korčma
barbecue gril, róžeń; grilowanje, grilowanski wječor
bark šćowkać
barn bróžeń
baseball baseball

based - be based on bazěrowacy na, bazěrujo na, na zakładźe

basic 1. zakładny, hłowny; 2. zakładnje, zasadnje, rozsudnje

basis zakład, fundament; **on the basis of** na zakładźe

basket korb, koš

basketball basketball

bath kupjel; kupanje; **have a bath** so kupać

bathing suit kupanski woblek

bathroom kupjelnja

battery baterija

battle bitwa

Bavaria Bayerska

bay zaliw

B.C. (**before Christ**) před Chrystusom, do našeho ličenja časa

be być; **be to** měć; dyrbjeć

beach (kupanski) přibrjóh; **on the beach** na/při přibrjoze

bean buna

bear mjedwjedź, bar

bearable znjesliwy

beard broda

beat bić, dobyć nad; **beat sb. up** zmłóćić, zmorskać koho

beautiful rjany, šikwany, překrasny

beauty rjanosć; rjanolinka

because dokelž; **because of** dla čeho/čehodla

become stać so (z), bywać
bed łožo; **bed and breakfast** přenocowanje ze snědanju; **go to bed** do łoža hić, so lehnyć
bedroom spanska stwa
beef howjaze mjaso; **roast beef** howjaza pječeń, roastbeef
beer piwo
before do; před, prjedy hač; hižo prjedy; **before that** prjedy toho, do toho
beggar prošer
begin započeć
beginning započatk
behave so zadźeržeć
behavior zadźerženje, habitus
behind za, zady
belief (in) wěra (do); **believe (in)** wěrić (do); **He is believed to be ...** Wón je pječa ... Praji so, zo je wón ...
bell zwón; klinkačk
belong to słušeć k/do
below 1. deleka; 2. spody
bend křiwica, křiwizna
besides prep. wyše/nimo (toho); adv. wyše/nimo (toho)
best najlěpši, najlěpša, najlěpše; **best wishes** z lubym/najlěpšim postrowom; **like best** najradšo měć, so najlěpje spodobać/lubić

better lěpje; **like better** radšo měć, lubšo měć, so lěpje lubić/spodobać; **you had better ...** by lěpje było, hdyž by ty ... ty měł lěpje/radšo ...
between mjez; **in between** mjeztym; z městnami
bewitch zakuzłać, překuzłać
beyond 1. nimo toho, k tomu; 2. za + *instr.*, na druhim boku wot
bicycle koleso, koło
big wulki
bigwig wysoki zastojnik/funkcionar, bonca
bike koleso, koło; **by bike** z kolesom
bill 1. zličbowanka; 2. naćisk zakonja; bankowka
binoculars dalokowid
biology biologija
biotechnology biotechnologija
bird ptačk, ptak
birthday narodniny; **for sb.'s birthday** k narodninam; **Happy birthday to you!** Wutrobne zbožopřeća k narodninam!; **on your birthday** na twojich narodninach; **When is your birthday?** Hdy maš/maće narodniny?
biscuit keks
bit - a bit kusk, něšto
bitter jěrki, hórki; rozmjerzany
bitterness jěrkosć, hórkosć
black čorny; **black (person)** čornuch/čornuška, čornuši/chojo

blacken čornić
blame sb. porokować/wumjetować komu što; winować koho
blanket (wołmjany) přikryw
blind slepy
block blok, bydlenski blok
blood krej
blouse bluza
blow duć; **blow one's horn** trubić; **blow up** rozbuchnyć
blue módry
board (nasćěnowa) tafla; deska
boarding school internat, internatna šula
boat čołm, łódź; **by boat** z čołmom/łódźu
body ćěło; **dead body** ćěło (mortwe)
boil warić, so warić; **boiled** warjeny
bomb bomba
book n. kniha; v. skazać, rezerwować
booklet brošura, knižka
boot škórń
border hranica
bored wostudźeny
boredom wostuda
boring wostudły
born - be born rodźeny być, so narodźić
borrow wupožčić, požčić
boss bos, šef/ina, wjednik/wjednica, nawoda/nawodnica

both wobaj, wobě
bottle bleša
bottom dno, delni kónc, kónc, deleka; **from top to bottom** wot horjeka hač dele
bowl škla
box n. tyza, kista; v. pjasćować
boxing pjasćowanje
boy hólc
boyfriend přećel
bracket spinka
brake n. borzdźidło, spinadło; v. borzdźić, spinać
branch hałuza; wotnožka
brave zmužity, chrobły
bread chlěb
break n. přestawka; v. rozłamać, zlemić, skóncować; so skóncować; **break away from** so dźělić wot, so wottorhnyć wot; **break down** so sypnyć, panu měć, so skóncować; **break into** so zadobyć do, so załamać do; **break off** přetorhnyć, so kónčić, nahle zastać; **break open** wočinić (z namocu), łamać/wułamać što; **break sth. up** rozdźělić, rozebrać što
breakfast snědań; **for breakfast** k snědani; **have breakfast** snědać
breath dych
breathe in/out zadychać, do so dychać, wudychać
breeze słaby wětřik
bridge móst

bright swětły, błyšćacy, jaskrawy
brilliant briliantny, wuběrny, wurjadny
bring přinjesć; **bring along** sobu přinjesć; **bring up children** dźěći kubłać
Britain Wulka Britaniska
British britiski; **the British** Britojo
Briton Brita, Britka
broad šěroki
broaden so rozšěrić, powjetšić (po šěrokosći)
broke - be broke na kóncu być; bankrot być; **go broke** zbankrotować, bankrot činić
broken złamany, skóncowany
brother bratr
brotherhood bratrowstwo
brown bruny
brush n. šćětka, šeršćowc; v. šćětkować; **brush sth. up** něšto na najnowši staw přinjesć, wospjetować, wožiwić (znajomosće)
buck dollar
budgie papagajik
build twarić
builder twarc
building twarjenje
bulb žehlawka
bull byk, ćělc
bullet kulka (z pistole etc.), třělwo
bully šikaněrować, šarować

bun (słódka) całta
burn so palić, zapalić
burst so puknyć; **burst into flames/tears** so zapalić/zapłakać, sylzy ronić
bus bus; **bus stop** busowe zastanišćo; **by bus** z busom
bush kerk
business firma, wikowanje, předewzaće; **do business with** wikować, jednać z
busy něšto za dźěło měć, so z něčim zaběrać; něšto činić; žiwy *(na př. dróha z hustym wobchadom)*
but 1. ale; 2. ničo hač, nihdźe hač, jenož; **not only ... but also** nic jenož ..., ale tež
butcher rěznik
butter butra
buy kupić
by 1. wot, přez; 2. z pomocu (wot); 3. blisko (při), pódla; 4. (najpozdźišo) hač, hač (do); **by air mail** z lětadłowym póstom; **by the time** hdyž, doniž; **by the way** připódla prajene; **go by** zańć, přeńć, so minyć; **go by bike** z kolesom/koleso/ na kolesu jězdźić, kolesować; **two by two** po porach, po porikach, po dwěmaj, podwu
Bye! Božemje! Ahoj! Měj/mějće so rjenje!

C

c. cirka, přibližnje, někak, něhdźe
cab taksa
cable car tramwajka na powjazu; powjaznica
café kofejownja; mały restawrant/hosćenc
cafeteria kafeterija, restawrant/hosćenc ze samopostužowanjom
cage 1. klětka; 2. do klětki tyknyć/sadźić
cake tykanc
calculator kapsny ličak
calendar protyka, kalender
call n. telefonat, zazwonjenje, wołanje; v. telefonować, mjenować; **What do you call him?** Kak jeho mjenuješ/mjenujeće?; **be called** rěkać
calm ćichi, měrny; **calm down** změrować
camel kamel
camera kamera, fotoaparat
camp n. lěhwo; v. stanować; **camp site** campingownišćo, stanowanišćo
campaign kampanja, akcija
camping stanowanje, camping
can n. doza, tyza
can móc, směć; **cannot = can't** njemóc, njesměć
Canada Kanada
Canadian 1. Kanadźan; 2. kanadiski
canal kanal (kumštny, twarjeny)

cancer rak *(chorosć)*
candidate kandidat
canister kanister
canoe 1. kanu; padlowak; 2. padlować
canteen kantina, jědźernja (w šuli)
capital stolica; **capital letter** wulki pismik
captain kapitan
caption wobrazowe podpismo
car awto, wóz; **by car** z awtom, z wozom
caravan bydlenski wóz, karawan
carbon dioxide wuhlikowy dioksid
card karta
care swědomitosć, hladanje, zastaranje; **take care of** hladać što, pěstonić (dźěći); wobstarać; **day care** zastaranje, hladanje přez cyły dźeń; (wosebje dźěći), pěstowanje; **care about** so starać wo, chutnje brać; **I don't care.** To je mi wšojedne.
career kariera
careful kedźbliwy, dokładny, starosćiwy
careless bjez kedźbliwosće, bjezstarostny
carol - (Christmas) carol hodowny spěw
carpenter blidar
carpet přestrjenc, tepich
carriage wóz, wagon
carrot morchej, karota
carry njesć, transportować; **carry on** dale wjesć, pokročować

case 1. pod; 2. kista, kofer, sudobjo
cash pjenjezy
cassette kaseta; **cassette-recorder** kasetowy rekorder
castle hród
cat kóčka
catalogue katalog
catalytic converter katalyzator
catch popadnyć, docpěć, dosćahnyć; **catch a bus** bus docpěć
cathedral katedrala, dom
Catholic 1. katolik/katolikowka; 2. Katolski; **Roman Catholic** (romsko-)katolski
cattle (howjazy) skót
cause n. přičina; v. zawinować što, wina być na čim
cave jama
cease přestać, (so) kónčić
ceiling wjerch
celebrate swjećić
celebration swjedźeń, swjatočnosć
cellar pinca
Celtic 1. keltiski; 2. keltiska rěč; **the Celts** Keltojo
cent cent *(měna w USA)*
center centrum; **information center** informaciski centrum
centimeter centimeter
central centralny
century lětstotk
ceremony ceremonija

certain wěsty
chair stólc
chalk kryda
challenge n. wužadanje, nadawk; v. wužadać
champion dobyćer, mišter
chance składnosć, přiležnosć, šansa; **take a chance** składnosć wužić, riziko na so brać
chancellor kancler
change n. změna (pjenjezy); v. změnić, zaměnić; přestupić, přelězć; **small change** drobne pjenjezy; **change into sth.** so přewoblěkać
character charakter, wosoba
characteristic 1. charakteristiski; 2. přiznamjo, přiznak
characterize charakterizować, wopisać
chart diagram, tabela, wobraz
charter flight charterowy/šarterowy lět
cheap tuni
cheat sb. of sth. přinjesć koho wo čo, wobšudźić, jebać; moglować
check (money) šek
check n. kontrola, přepruwowanje; v. kontrolować, přepruwować
cheer přikleskać, zahorić, pohonjeć
cheering přiklesk, aplaws
cheese twarožk
chemical 1. chemiski; 2. chemikalija
chemist chemikar

chemistry chemija
chess šach
chewing gum žwjenkačk
chicken kokoš, broiler
chief načolnik, nawjedowar; włodyka
child dźěćo
childhood dźěćatstwo
children dźěći
chimney wuheń
chimp šimpansa
chips pomfritki, pommes frites, chipsy
chocolate šokolada
choice (of) wuběrk (na)
choir chór
choose wupytać, wuzwolić, wubrać; **choose to do sth.** něšto radšo činić; so rozsudźić, něšto činić
Christ Chrystus, Chryst
Christian 1. křesćan/ka; 2. křesćanski; **Christian name** předmjeno
Christmas hody; **Christmas Day** prěni (swjaty) dźeń hód; **Christmas Eve** patoržica
church cyrkej, kemše; **go to church** kemši chodźić
cigarette cigareta
cinema kino
circle kruh
circumstances wobstejnosć; **under/in no circumstances** nihdy na nihdy, na žadyn pad, na žane wašnje

citizen staćan/ka, wobydler/ka
city město, centrum města, wulkoměsto
civil rights staćanske/byrgarske prawa
civil war byrgarska wójna
civilize ciwilizować
civilized ciwilizowany
claim v. twjerdźić, potwjerdźić; sej žadać; n. twjerdźenje; žadanje, narok; **claim (for/on)** twjerdźenje; žadanje, narok (na)
class rjadownja, klasa
classmate rjadowniski přećel
clean adj. čisty; v. rjedźić
clear jasny; **clear of** swobodny wot, prózdny, bjez
clerk (woknješkowy) přistajeny
clever mudry, překlepany
cleverness překlepanosć, mudrosć
cliché klišej
climate klima
climax wjeršk
climb so krosnować, lězć
climber krosnowar, krosnjer, alpinist
clock časnik *(wjetši, nic naručny)*; **... o' clock** ... hodźin
close v. zawrěć, začinić; adj. dokładny; snadny; **close down** začinić (firmu, zawod)
close to blisko, wokoło
closed začinjeny, zawrjeny
cloth sukno, płat; trěwka, lapka, lapa

clothes drasta
cloud mróčel
cloudy pomróčeny
club klub
clue to pokazka na, pokiw na
coach 1. trenar; 2. pućowanski bus; **by coach** z busom
coal wuhlo
coalition koalicija
coast brjóh; **on the coast** při brjoze
coastline pobrjóžna linija
coat płašć
cocoa kakaw
code kode, kluč
coffee kofej
coin pjenjez
coke coca–cola
cold 1. zymny; 2. zyma; smorkawa; **a bad cold** sylna šnupa/smorkawa **have a cold** nazymnjeny być, šnupu měć
collage kolaža
colleague kolega
collect zběrać, hromadźić; wotewzać, hić/jěć po
college koleg, wysoka šula
collocation kolokacija, rěčny wobrot
colon dwójny dypk
colonial kolonialny
colonist kolonist

colony kolonija
color barba; **What color is ...?** Kajku barbu ma ...?
colored barbojty, pisany
colorful barbojty, pisany
comb n. česak; v. (so) česać
combination kombinacija, zwjazk
combine with kombinować z, zwjazać z
come přińć, sobu přińć; **come and see** wopytać/na wopyt přińć; **Come here.** Přińdź/přińdźće sem/jow!; **Come on.** Na pój/pójće! Dale tak!; **come over** nimo přińć, wopytać; **come out** won přińć
comfortable komfortabelny, přijomny
comic comic–zešiwk
comma koma
comment about/on n. komentar k, přispomnjenje k; v. komentować
commit skućić/zworać (što)
common 1. park; 2. zhromadny; normalny; **have sth. in common** što zhromadnje měć
communicate so dorozumić z, komunicěrować
communications powěsćowa technika, telekomunikacija
communism komunizm
communist 1. komunistiski; 2. komunist
community komuna, gmejna; zhromadnosć
commute dojězdźować
commuter dojězdźowar/ka

company towarstwo; firma; přewod
compare with/to přirunać z
comparison přirunanje; *(gram.)* stopnjowanje adjektiwow; **make a comparison** přirunować
compete so wuběd́źować
competition wuběd́źowanje, wurisanje; konkurenca
complain so hóršić na čo
complete adj. dospołny; v. wudospołnić, dopjelnić; dokónčić, dozhotowić; wupjelnić (formular)
compliment kompliment činić, gratulować
compound (word) zestajane słowo, kompozitum
comprehensive school cyłkowna šula
computer komputer
computer studies informatika
concentrate on so koncentrować na
concentration koncentracija
concern wěc, naležnosć; **concern for** 1. starosć wo; 2. nastupać; znjeměrnić, starosće činić; **be concerned about** so starosćić wo, so njepokojić, njeměrny być
concert koncert
condemn zasudźić, zatamać
conditions wuměnjenja, poměry
conference konferenca
confess to doing sth. přidać, so wuznać k
confession wuznaće, přiznaće; spowědź
confident wěsty, sebjewědomy, optimistiski

confidence - self-confidence sebjewědomje, sebjedowěra
confinement jatba, arest, jastwo
conflict konflikt
confuse zašmjatać, zaměšeć, zaměnić
confusion šmjatańca, njeporjadk, konfusija
Congratulations! Gratulacija! Wutrobne zbožopřeća!
connect to/with zwjazać z
connection zwisk, přizamknjenje
conquer zbić, wobsadźić, dobyć
conqueror dobywar
consequence konsekwenca, sćěh
consequently potajkim, tohodla, tuž
conservative konserwatiwny
consider sebi přemyslić, sobu wobmyslić; wobhladować jako, měć za; **He is considered to be dead.** Maja jeho za mortweho.; **take sth. into consideration** što wobkedźbować, wobmyslić
consist of wobstać z
consonant konsonant
constitution wustawa, konstitucija
construct twarić, konstruować
consultant poradźowar *(w hospodarstwje)*
consumer přetrjebar, wužiwar, konsument
contact kontakt, zwisk
contain wobsahować, měć

container kontainer; sudobjo
content wobsah *(narěče, knihi atd.)*
contents wobsah *(sudobja, ruma, atd.)*
context kontekst, zwisk
continent kontinent
continue pokročować
contract zrěčenje, kontrakt
contrast kontrast; **contrast sth. with** přirunać što z čim, napřećo stajić
contribute to přinošować k
control n. kontrola; v. kontrolować, wobknježić
conversation rozmołwa, konwersacija
converter - catalytic, converter katalyzator
convince přeswědčić
cook n. kuchar; v. warić
cooker kuchinske kachle
cool zymny, chłódny
cooperate zhromadnje dźěłać, kooperować
copy wotpisać; kopěrować
corn flakes cornflakes
corn kukurica
corner róžk
correct adj. prawy, korektny; v. poprawić, korigować
correspond to wotpowědować, so hodźeć k
corruption korupcija, wobtykowanje, pokupjenje
cost n. kóšty; płaćizna; v. płaćić
costume drasta (narodna), kostim
cottage (mały) dom na kraju, chěžka

cotton bałma
couch potato čłowjek, kiž jenož nutřka syda a telewiziju hlada
cough kašel
could je/su móhł/móhli; by móhł/bychu móhli
council rada; **town/city council** měšćanska rada
counselor poradźowar
count ličić
country kraj, stat; **in the country** na kraju
countryside kraj, krajina
county wokrjes, wobwod, hrabinstwo
couple porik, mandźelskaj; **a couple of** někotři, někotre
course kurs; **in the course of ...** w běhu...; **of course** wězo
court (kralowski) dwór; hrajkanišćo, hrajnišćo; sudnistwo, sudniska žurla; **take sb. to court** wobskoržić koho, skoržić přećiwo komu
cousin kuzenk, kuzina
cover zawodźěć, přikryć; škitać; wopřijeć, wobsahować
cow kruwa
cow shed (kruwjaca) hródź
cowboy cowboy
cradle kolebka, tujawka
crane kran
crash zražka; njezbožo; spad *(lětadła)*; zwěšćenje *(bursy)*; **crash into** zrazyć do; znjezbožić; spadnyć

crazy wrótny, błudny, błazny; **be crazy about** wrótny być za
cream krema; smjetana
create (s)tworić
creative tworićelski, kreatiwny
credit kredit; dobro(měće) (na bance/konće)
cricket kricket (hra)
crime złóstnistwo, njeskutk
criminal złóstnik, kriminelny
crisis kriza, wjeršk
critical (of) kritiski (napřećo)
critically kritisce
criticize (for) kritizować (dla)
cross přepřěčić, přeńć, křižować; překročić
crossing přechod, přechodźišćo, přejězd; **a crossroads** křižowanišćo; **pedestrian crossing** přechod za pěškow
crowd klika, skupina; masa (ludźi)
crowded přepjelnjeny, natykany, połny
crown króna
crucible škrějny tyhel, škrěwak; wohnjowa proba
cruel hruby, surowy
cruise the streets po dróhach jězdźić
cry płakać; rjejić, wołać
crystal ball kristalowa kula
cultural kulturny, kulturelny
culture kultura
cup šalka; pokal

cupboard kamor
curious (about) wćipny być (na)
currency měna
curtain zawěšk, gardina
custom nałožk, zwučenosć, wašnje
customer kupc/kupcowka
cut v. wotrězać, rězać, třihać; n. rana
cycle z kolesom jězdźić, kolesować

D

dad(dy) nan(k)
daily adv. wšědnje; 2. adj. wšědny
damage n. škoda, wobškodźenje; v. wobškodźić
dance n. reja, reje; v. rejować
danger strach
dangerous strašny
dark ćmowy, ćěmny
darkness ćěmnota
dash ležaca smužka
date datum; **make a date** so zrěčeć; **up to date** aktualny, moderny; **keep up to date** aktualny być, na běžnym być, so na najnowšim stawje dźeržeć
daughter dźowka
day dźeń; **the day after tomorrow** zajutřišim; **the day before yesterday** předwčerawšim; **in those days** tehdy

daytime wodnjo, wob dźeń; dnjowy
dead mortwy, morwy
deaf hłuchi, ćežkosłyšacy
deafen hłušić
deal wikowanje, dobytk, zrěčenje; **deal with** wikować z; so starać wo, so zaběrać z
dear luby; **Dear Sir or Madam,** Česćene knjenje a česćeni knježa!; **Oh dear!** Mój jej! Mój božo! To tola njemóže być!
Death smjerć
debate on/about debata, rozestajenje, diskusija wo; **debate sth.** debatěrować wo čim, diskutować
December december, hodownik
decide (so) rozsudźić, wobzamknyć
decimal 1. decimalny; 2. decimalna ličba
decision rozsud, wobzamknjenje; **make a decision** rozsud tworić, rozsudźić
deck - on deck na łódźnej łubi
declaration wozjewjenje, deklaracija
declare wozjewić, deklarować
decoration dekoracija, wupyšenje, pyšenje, debjenka
deed skutk
deep hłuboki
deepen pohłubšić
deer jeleń, sorna
defeat (of; by) dobyće/wuspěch nad; poražka přez; **defeat** dobyć, zbić
defend zakitować

defense zakitowanje
definite wěsty, postajeny
definitely zawěsće, wěsće, z wěstosću
deflate sb.'s ego zesłabić něčeje sebjewědomje, někomu zmužitosć brać
degree stopjeń; schodźenk
delicious delikatny, krasny, wuběrny
deliver roznošować, wunošować, doručić
demand žadać, wužadać; **demand for** žadanje za, požadanje za
democracy demokratija
democrat demokrat/ka
democratic demokratiski
depart from wotjěć, wotpućować, wotlećeć wot
department instanca, hamt; ministerstwo
department store kupnica
departure wotjězd, wotpućowanje, wotlět
depend on wotwisować wot, wotwisny być wot; so spušćeć na
depressed deprimowany, depresiwny, zmotany, rozbity
descendant potomnik
describe wopisać
desegregate (schools) dźělenje po rasach/rasowu diskriminaciju (w šulach) wotstronić
desert pusćina
design n. design, wonkowny wobraz jednoho produkta, naćisk, skica; v. naćisnyć, konstruować

designer designer, konstrukter, naćiskizhotowjer
desk pisanske blido, šulerska ławka
dessert dessert, pojědź, kompot; **for dessert** jako pojědź
destroy zničić, skóncować
detail detail, drobnostka, maličkosć
develop (so) wuwić
development wuwiće, rozwiće, postup
devil čert
dial wolić *(na telefonje)*
dialect dialekt
dialogue dialog, rozmołwa
diary dźenik, protyčka
dictatorship diktatura
dictionary słownik
die of wumrěć na/z; **die out** wotemrěć; **be dying for sth.** něšto na kóždy pad měć chcyć/trjebać; **be dying to do sth.** něšto na kóždy pad činić chcyć
diesel diesel, dieselowy wolij
difference rozdźěl, diferenca; **different from** rozdźělny, wšelaki; hinaši (hač)
difficult komplikowany, ćežki
difficulty ćeža, problem
dig hryć, kopać
dime 10-centowy pjenjez w USA
dining – room jědźernja
dinner wobjed, (ćopła) wječer, swjedźenska jědź
direct direktny, bjezposrědni

direction směr; **directions** přikazy, kazanja
dirt njerjad, smjeće, błóto
dirty mazany, błóćany, brudny, próšny
disabled zbrašeny
disadvantage njelěpšina, škoda
disagree with přezjedny njebyć z, wotpokazać, druheho měnjenja być hač
disappear so zminyć, so zhubić
disappoint přesłapić, zludać
disappointment přesłapjenje, zludanje
disaster njezbožo, katastrofa, fiasko
disc jockey diskjockey
discipline disciplina
disco diskoteka
discourage sb. from doing sth. wróćo dźeržeć/wotdźeržeć; koho wot čeho zatrašić
discover wotkryć, wuslědźić, namakać; zwěsćić
discovery wotkryće, wuslědźenje
discriminate against diskriminěrować koho
discrimination diskriminacija
discuss diskutować
discussion diskusija
dishes domjaca nadoba, sudobja; **do the dishes** (z)wopłokować
disk disketa
disk drive pohibowanska připrawa za diskety
dislike of/for wotchilnosć wot, awersija přećiwo
dislike so njelubić, nic ćuć móc, so njespodobać

display - wall display sćěnowina, (nazorny) wobraz
disposal (with) wotstronjenje (wotpadkow, smjećow)
dissatisfied (with) być njespokojom z, spokojom njebyć
distance wotstawk, distanca, zdalenosć
distribute rozdźělić, roznošować, rozdawać, wudźělić
district wobwod, kónčina
disturb mylić
diver nurjak, podnurjowak
divide into dźělić do
divorced dźěleny *(mandźelstwo)*
do činić; **Do-it-yourself!** Čiń to sam! (samopomoc, sej sam pomhać); **do 50 meters** 50 metrow docpěć (běžeć, mjetać, jěć atd.); **do well** dobry być při abo w čim, derje móc; **do without sth.** wuńć bjez
doctor lěkar, doktor (mediciny)
document dokument, wopismo
documentary dokumentarny film
dog pos, psyk
doll klanka
dollar dollar *(pjenjez w USA)*
dominate dominować, knježić nad kim/čim, wobknježić
door durje
dot dypk
double dwójny, dwoji, podwójny

doubt n. dwěl, dwělowanje; v. dwělować, prawje njewěrić

down dele; **down there** tam deleka; **down under** *wobchadnorěčnje za*: Awstralska; **pull down** wotćahnyć, (preč) ćahnyć; **sit down** so sydnyć; **write down** napisać; **downstairs** deleka, dale; **downtown** w centrumje města, do centruma; **down-wind** z wětřikom

Dr./Doctor dr., doktor *(akademiski stopjeń)*

dragon zmij

drama drama

dramatic dramatiski

dramatically dramatisce

draw rysować; ćahnyć

dream n. són; v. sonić

dreamer sonjer

dress šat, dress; **dress as** so woblěkać jako, so zdrasćić jako; **get dressed** so zwoblěkać, so zdrasćić

drink n. napoj; v. pić

drive n. (awto)jězba; v. awto wodźić, z awtom jězdźić, ćěrić, hnać; **drive sb. mad** znjemdrić, kołwrótneho činić koho

driver wodźer, šofer; lokomotiwnik; **driver's license** jězbna dowolnosć

drop padnyć dać, pušćić; **drop out (of school)** (šulu dočasnje) zakónčić, wopušćić

drown so zatepić; zatepić (koho)

drug droga, medikament
dry adj. suchi; v. sušić, schnyć
dump 1. (wotpadki) wotkładować, wusypnyć, preč ćisnyć; 2. smjećišćo, sypanišćo za smjeće
during jako, za tón čas, mjeztym zo, hdyž
dust proch
dusty próšny, zapróšeny
Dutch holandski, nižozemski; **the Dutch** Nižozemjenjo; **Dutchman/-woman** Nižozemjan/Nižozemjanka
duty winowatosć; cło; **be on duty/off duty** w słužbje być/w słužbje njebyć

E

e. g. na přikład, na př.
each kóždy
each other mjez sobu, jedyn druheho/druhemu a pod., wzajomnje
ear wucho
early zahe; **be early** přezahe być; dočasa přińć
earn zasłužić
earth zemja
earthquake zemjerženje
east 1. wuchod; 2. wuchodnje
Easter jutry; **at Easter** jutry, k jutram
easy lochki, njekomplikowany

easygoing měrny, radostny, bjezstarostny
eat jěsć
EC = European Community Europska unija, EU
economic hospodarski, ekonomiski
economically hospodarsce, ekonomisce
economy hospodarstwo, ekonomija
edge kroma
edible jědźny, k jědźi być, so hodźeć jěsć
educate kubłać
education kubłanje, wukubłanje
educational kubłanski, pedagogiski, powučacy; **physical education** sport *(předmjet w šuli)*; **religious education** nabožina
effect efekt, wuskutk, rezultat
efficiently ekonomisce, eficientnje, wukonliwje, na efektiwne wašnje
Egg jejo
either ... or pak ... pak; **(not ...) either** tež nic, tež žadyn
elderly starši, stary
elect sb. sth. wuzwolić/wolić koho jako/za
election wólba, wólby; **hold an election** wólby wotměć
electric elektriski
electrical elektriski, elektro-
electricity milina
electronic elektroniski
electronics elektronika

elementary school zakładna šula
elephant elefant, słon
else hewak hišće, druhi, hinaši; **Anything else?** Hišće něšto?
emigrate wupućować, emigrěrować
emigration emigracija, wupućowanje
emotion začuće, emocija
emotional emocionalny, po začuću
emotionally emocionalnje, ze začućom
emphasize wuzběhnyć, podšmórnyć
empire mócnarstwo, imperij
employ přistajić, dźěło dać
employed - self–employed samostatny
employee dźěłaćer/ka, přistajeny, přistajena
employer dźěłodawar/ka
employment dźěło, přistajenje
emptiness prózdnota
empty adj. prózdny; v. wuprózdnić
encounter sth. storčić na čo, konfrontować so z čim
encourage pozbudźić, pohonić; spěchować, podpěrać
encyclopedia leksikon, přiručka, encyklopedija
end n. kónc; v. (so) kónčić, skónčić; **come to an end** zakónčić, ke kóncej přińć, so skónčić; **at the end** skónčnje, na kóncu; **in the end** skónčnje, na kóncu; **make ends meet** dodźěłać, přez rundu přińć
end up skónčić, (*na př.* do jastwa) přińć
ending kónc, kóncowka

endless bjezkónčny; bjez kónca
enemy njepřećel
energy energija
engine motor, mašina
engineer inženjer, technikar, lokomotiwnik
engineering mašinotwar
England Jendźelska
English jendźelski
Englishman/Englishwoman Jendźelčan/ka; **the English** Jendźelčenjo
enjoy rady měć/činić, z radosću/z wjeselom činić; **enjoy oneself** so radować, so wjeselić
enjoyable zwjeselacy, radowacy, zabawny
enough dosć
enter zastupić, so nutř podać, zapućować do
enterprise předewzaće, předewzaćelski duch, iniciatiwnosć
entertainment zabawa
enthusiastic about zahorjeny być wot
entrance exam přijimanske pruwowanje
entrance to zachod do
entry zapisk *(w dźenikach)*; přistup; zajězd; připis, dopis
envelope wobalka (za list)
environment wobswět
environmental wobswětowy, ... wobswěta
episode episoda, podawk
equal runy, runohódny

equality runosć, jenakosć; **political equality** politiska runoprawosć
equally runohódnje, runoměrnje, runostajnje, runje tak
equipment wuhotowanje
escape v. wućeknyć, ćeknyć, wuńć; n. ćěkańca
especially wosebje
essay nastawk, esej, essay
essential wažny, rozsudny, njeparujomny
estimate trochować, hódnoćić
etc. atd., a tak dale
ethnic etniski, ludowy
Europe Europa
European 1. Europjan/ka; 2. europski
eve předwječor; **New Year's Eve** silwester
even 1. samo; 2. runy, hładki; **even if** samo hdyž, samo jeli; **even then** hižo tehdy; **even though** hačrunjež, byrnjež; **even worse** hišće hórje, špatnišo, špatniši; **not even** ani
evening wječor; **in the evening/s** wječor, w běhu wječora, po wječorach; **on a cold evening** na zymnym wječoru; **this evening** dźensa wječor
event podawk
eventful na podawkach bohaty
ever hdy, hižo jónu; **for ever** na přeco; **not ever** ženje
every kóždy
everybody/everyone kóždy

everyday 1. wšědnje; 2. wšědny
everything wšo, wšitko
everywhere wšudźe
evidence of dopokaz za
ex– bywši, něhdyši
exactly eksaktnje, dokładnje
exam/examination pruwowanje
examine pruwować, přepytać
example přikład; **for example** na přikład
excellent wuběrny, wurjadny
except nimo, chiba, hač
excerpt from wupis(k) z, ekscerpt z
exchange n. změna; v. změnić, wuměnić; zaměnić *(pjenjezy)*
exchange rate nalutowany/dewizowy kurs
excited rozbudźeny
exciting rozbudźacy
exclamation mark wuwołak
exclusive ekskluziwny
Excuse me! Wodaj/će!
excuse zamołwjenje
Execute wotprawić
execution wotprawjenje
executive 1. eksekutiwny; 2. wodźaca móc, wodźacy přistajeny
exercise book (zwučowanski, šulski) zešiwk
exercise zwučowanje, zwučowanski nadawk
exhaust fumes wotpłun

exist žiwy być, eksistować, wobstać
expand (so) wupřestrěwać, (so) powjetšeć, so rozšěrjeć
expect wočakować, tukać na čo
expectation wočakowanje
expensive drohi
experience nazhonjenje
expert 1. fachowc, ekspert(a); 2. nazhonić, dožiwić
explain wujasnić, rozjasnić
explanation wujasnjenje, rozjasnjenje
explicit wurazny, jasny
explicitly wuraznje, jasnje
explore wuslědźić
explorer slědźer
explosion eksplozicija, wubuchnjenje
export n. eksport; v. eksportować
express n. ekspres; v. zwuraznić
expression wuraz, zwuraznjenje
extra ekstra, přidatny
extract from wućah z, wurězk z
extra-curricular activities zwonkašulske aktiwity, kružki
extreme ekstremny, přewšu měru, přewšo, njesměrnje
extremist ekstremist
eye woko, wóčko

F

fable fabula, fabla
face east na wuchod, do směra wuchoda
face mjezwočo, wobličo;
face sb./sth. stać napřećo komu/čemu, so konfrontować z kim/čim; **be faced with sb./sth.** konfrontowany być z kim/čim
facilities zarjadnišća, připrawy
fact fakt, informacija; **in fact** poprawom, akuratnje prajene, woprawdźe
factor faktor
factory fabrika, zawod
fail zwrěšćić, zaprajić; **fail an exam** přepadnyć při pruwowanju
fair 1. wiki, hermank; 2. sprawny, fairny; dosahacy, chětro porjadny; rjany, jasny, słónčny (wjedro)
faithfully swěrny; **Your's faithfully.** Z přećelnym postrowom. Z (hłubokim) počesćowanjom.
fall asleep wusnyć
fall in love so zalubować
fall n. nazyma; v. padnyć
fall off (dele) padnyć
fall over padnyć, so powalić, so ćisnyć
false wopaki, wopačny
familiar znaty, zwučeny
family swójba

famous znaty, wuznamny
fan fan, zahority přiwisnik
fancy rady měć
fantastic fantastiski, wurjadny
far daloki, zdaleny; **so far** (hač) dotal
fare jězbna płaćizna, jězbne pjenjezy
farewell 1. božemje; 2. rozžohnowanski
farm farma, kubło
farmer ratar, bur, farmar
farmhouse burski dom, statok
farming 1. ratarski; 2. ratarstwo, rólnikarstwo
farther dale (preč), bóle zdaleny
farthest najzdaleniši
fascinate fascinować, zahorjeć
fashion moda
fast food place kiosk, chwatny restawrant
fast spěšny
fat tołsty, tučny
father nan
fault zmylk, wina
favor spodobanje; **do sb. a favor** kwoli činić komu što; zawjeselić koho; **in sb.'s favor** k lěpšemu někoho
favorite najlubši, woblubowany
fear strach
feather pjero
February februar, mały róžk

fed - be fed up with dosć měć wot čeho, so nabyć čeho

federal federalny, federatiwny, zwjazkowy; **federal holiday** swjaty dźeń we wšěch US-statach

fee přinošk, šulske pjenjezy, honorar

feed picować, dawać (picu, jědź); zežiwić

feeding-time čas picowanja

feel (so) čuć; **feel for** tasać/masać za kim/čim; **feel sorry for** wobžarować; **I feel cold/hot** Mi je zyma/horco.

feeling začuće

fellow pupil sobušuler/ka

felt-tip filcowy pisak

female adj. žónski; n. žónska

fence płót

ferry (boat) přewozny čołm

fertile płódny

fertilize hnojić

fertilizer hnój, hnojiwo

festival festiwal, swjedźeń

fetch hić/jěć po; wotewzać

few někotre, mało, něšto; **a few** někotre

fiction fikcija, předstawa; proza

field polo, łuka; **in the fields** na polach; **playing field** hrajkanišćo, sportnišćo

fifth 1. pjaty; 2. pjećina

fight n. bój, bijeńca; v. wojować, so bić

figure figura, postawa; ličba

fill (na)pjelnić; **fill in** zasadźić, wupjelnić (formular)
film film
final posledni, finalny, skónčny
finally skónčnje, na kóncu
financial pjenježny, financielny
find namakać; **find out** wunamakać
fine 1. pokuta, pokutny pjenjez; 2. dobry, rjany
finger porst
finish line cilowa linija
finish skónčić; zjěsć; **I've finished.** Sym hotowy.
fire 1. woheń; 2. tepić; třělec; won ćisnyć; **fire brigade** wohnjowa wobora**; fire department** wohnjowa wobora
fireworks wohnjostroj
firm firma
first 1. najprjedy, na spočatku, jako prěnje; 2. prěni; **at first** najprjedy, spočatnje; **be first** prěni być
first floor přizemjo
firstly sprěnja
fish ryba, ryby
fishing rybyłójenje, wudźenje, rybarstwo; **go fishing** wudźić hić/chodźić
fit fit, strowy, kmany
fitness fitnes, kmanosć, kondicija
flag chorhoj
flame płomjo
flashlight kapsna lampa
flat 1. bydlenje; 2. płony; prózdny *(baterija)*

flatten runać, hładkować
fleet flota, łódźstwo
flight lět
flood 1. přiliw, powodźenje; 2. powodźić
floor (story) poschod, etaža
floor poschod; špundowanje
floppy disk disketa
flow běžeć, pružić
flower kwětka
flu influenca, gripa
fluent běžny
flush the toilet (wodu) sćahnyć, wopłoknyć
flutter zlětować
fly lětać, lećeć
focus fokus, srjedźišćo, aspekt
fog mła
folk song ludowy spěw
follow sćěhować; přesćěhować
following sćěhowacy
fond - be fond of rady měć, lubować
food žiwidła, jědź, cyroba; pica
fool hłupak; **make a fool of oneself** so blamować, wusměšować
foolish hłupy
foot stopa; *měra (něhdźe 30,5 cm);* **on foot** pěši
football kopańca
for 1. za; 2. z toho časa, zo; wot; **for a long time** dołho; **for breakfast** k snědani; **for example** na přikład; **for four weeks** 4 tydźenje (dołho) **for**

hours cyłe hodźiny (dołho); **for sale** na předań; **for sb.'s birthday** k narodninam někoho; **for seven miles** 7 milow (daloko) **for this reason** tohodla, z tuteje přičiny; **for the first time** prěni raz; **good for** dobre přećiwo/pře; **leave for** woteńć/wotjěć do

force 1. móc; 2. nuzować; **labor force** (*sg.*) dźěłowe mocy, dźěłaćerjo

foreign wukrajny, cuzy

foreigner wukrajnik/wukrajnica, cuzy/cuza

forest lěs

forever na přeco

forget zabyć

forgive wodać

fork widły

form nastać, so założić; **be in good form** w dobrej formje być

formal formalny

former prjedawši, něhdyši

fortunately na zbožo

forwards doprědka

found założić

foundation załožba; fundament, baza

fountain wodomjet

fox liška

France Francoska

free adj. swobodny, darmotny; v. wuswobodźić; **free time** swobodny čas

freedom swoboda
freeze zmjerznyć
French francoski; **the French** Francozojo;
Frenchman/Frenchwoman Francoz/Francozowka
frequency frekwenca, hustota
fresh čerstwy
Friday pjatk
friend přećel
friendliness přećelnosć, zdwórliwosć
friendly přećelny/přećelnje
frighten strach načinić komu, zatrašić koho; **frighten sb. away** wottrašić, wuhnać; **be frightened of** so bojeć před, so strachować před; **be frightened** so bojeć, so strachować
frog žaba
from wot, z; **from now on** wot nětka, wotnětka; **I'm from ...** Pochadźam z ... Bydlu w ...; **Where are you from?** Zwotkel sće/sy? Zwotkel pochadźeće/pochadźeš?
front prědnja strona; **front door** chěžne durje; **in front of** před
frontier hranica
frozen food zamjerznjene/zamróžene/mróžene žiwidła
fruit sad
frustrated přesłapjeny, frustrěrowany

full of połny; **be full** syty być, najědźeny być; **full-time** 1. połny čas; 2. połnočasny, cyłodnjowski
fun wjesele; **be fun** žortować; **be fun** wjeselo činić, žortować
function nadawk, funkcija
funny wjesoły, komiski
furniture meble; **furniture van** meblowy wóz
further 1. dale; 2. dalši, přidatny
furthermore přidatnje, nimo toho, wyše toho
future přichod; **in future** w přichodźe, wotnětka

G

game hra
games sport; hry
gang banda, cwólba
garage garaža; tankownja z porjedźernju
garden zahroda
gas płun; bencin
gas station tankownja
gasoline bencin
gate wrota
gay wjesoły; homoseksualny
general 1. general, 2. generalski; powšitkowny, generelny
generalize spowšitkownjeć
generally powšitkownje, cyłkownje

generation generacija
generous wulkomyslnje
gentle něžny, łahodny, miły
gentleman gentleman
geography geografija
German 1. němski; 2. Němc/Němka
Germanic germaniski
Germany Němska
get dóstać; so stać (z); wobstarać, hić/jěć po; něhdźe dóńć, přińć; **get along** wuńć **get along with** wuńć z; **get divorced** so dźělić *(mandźelstwo)*; **get dressed** so woblěkać; **get in** zalězć; zastupić, přistupić; **get into trouble** do wuskosćow přińć; **get married** so woženić/wudać; **get off** wulězć, wustupić; **get on** zalězć do, zastupić do, na (koleso) zalězć; **get out** wulězć, wustupić; **get sth. out of the way** wotstronić; **get ready** so přihotować; **get to know** zeznać; **get up** stanyć
ghetto ghetto
ghost šerjenje, duch
giant 1. hober; 2. hoberski
giraffe girafa
girl holca
Girl Scout holči skawt/holči pfadfinder
girlfriend přećelka
give dać, darić; **give sb./sth. away** přeradźić koho/što; **give up** so wzdać, spušćić

glad wjesoły; **be glad** wjesoły być
glance - at first glance na prěni pohlad
glass škleńca
glasses nawoči
global globalny, swětowy
glow n. žehlenje, swěćenje; v. so swěćić, so žehlić
go hić; jěć; **go red/sour/blind** so začerwjenić, kisnyć, woslepić; **go along** sobu hić, so přizamknyć; **go away** woteńć, zapućować; **go back** wróćo sahać; **go by** přeńć; **go fishing** ryby łójić hić, wudźić hić; **go home** domoj hić; **go in** zastupić, nutř hić; **go on** dale hić, dale činić, dale ...; wotběžeć; **go on a bus tour** busowu turu/jězbu činić; **go on a guided tour** so wobdźělić na wjedźenju; **go on a trip** sej wulećeć; **go out with** preč hić z kim; **go to bed** do łoža hić, so lehnyć; **go to school** do šule chodźić/hić; **I'm going to** Budu ... Chcu ... Mam wotpohlad ...
goal wrota *(sport)*; zaměr
God, god Bóh, bóh
gold złoto; **gold rush** žedźba za złotom, pytanje za złotom
golf golf (hra); **golf club** golfowy klub; **golf course** golfowe hrajnišćo
good dobry, dušny; **good at** dobry być při/w/na; **Good afternoon.** Dobry dźeń!; **Good morning.** Dobre ranje!; **Goodbye.** Božemje!; **Good night.** Dobru nóc!; **for good** na přeco, doskónčnje

goods twory
gorilla gorila
govern knježić
government knježerstwo
governor guwerner
grade znamka; rjadownja, lětnik
gradually krok po kroku, poněčim
graduate n. absolwent (uniwersity abo wysokeje šule), akademikar; v. absolować (uniwersitu abo wysoku šulu)
graffiti grafiti; namolowanje sćěnow
gram gram *(měra masy)*
grammar gramatika
granddaughter wnučka
grandfather dźěd
grandmother wowka
grandparents dźěd a wowka
grandson wnuk
grapefruit pamplmuza
grass trawa
grave row
graveyard kěrchow, pohrjebnišćo
gravy (pječenjowa) juška
gray šěry
great wulki, wulkotny, wuznamny, sławny
great-grandparents pradźěd a prawowka
greatly wulce, wurjadnje, njewšědnje
Greece Grjekska

Greek 1. grjekski; 2. Grjek/Grjekowka
green zeleny
greenhouse effect parnišćowy efekt
greyhound chort
grocery store žiwidłowy wobchod
ground zemja, póda
group skupina
grow rosć; plahować; **grow up** narosć; **grown-up** dorosćeny **grow old** zestarić **grow thin** so sćeńšić
growth róst, rosćenje
guard stražnik
guess hódać; **I guess** Myslu sej ... Sym měnjenja, zo ... Měnju ...
guest hósć; **guest house** pensija, hosćenc (z přenocowanjom)
guidance přewod, nawod; wurada; **guidance counselor** poradźowanski wučer w ameriskich šulach
guide n. přewodźer; v. přewodźeć, wodźić, nawjedować; **go on a guided tour** so wobdźělić na wjedźenju
guitar gitara; **play the guitar** gitaru hrać
gun bróń, třělba
guy kadla; **you guys** wy ludźo, wy kadlojo
gym sportowa hala; ćěłozwučowarnja
gymnastics zwučowanje, gymnastika

H

habit zwučenosć
hair włosa, włosy
hairdresser frizer
hairstyle frizura
half poł, połojca; **half a mile** poł mile; **half past ten** napoł jědnaćich
hall hala, žurla, předchěža
Halloween nóc před swjedźenjom Wšěch swjatych (31.10.)
ham šunka; **ham salad** šunka ze solotwju/soloteju
hamburger hamburger
hammer hamor
hamster žurk
hand brake ručne borzdźidło
hand out wudźělić, rozdźělić
hand ruka; **on the one hand** z jedneje strony; **on the other hand** z druheje strony
hand sb. over to přepodać koho komu
hand sb. sth. dać/přepodać komu što
handball mjetańca
handbook přiručka
handlebars wodźidło
hang around dundać, so bručić, so brudźić
hang sb. wobwěsnyć koho
hang wisać, powěsnyć
happen so stać

happen to do připadnje činić
happiness zbožo
happy zbožowny; **Happy birthday (to you)!** Wutrobne zbožopřeća k narodninam! Wšo dobre k narodninam!
Harbor přistaw
hard 1. ćežki, twjerdy; 2. sylnje, ze wšej mocu
harden krućić, twjerdźić; twjerdnyć
hardly lědma
hard-working pilny, ćežko dźěłajo/dźěłacy
harm škoda; **do sb. harm** škodźić/škodu načinić komu **harmless** nješkódny, njestrašny, snadny
harvest žně
hat kłobuk
hate v. hidźić; n. hida; **hatred of/for** hida na
have měć; jěsć, pić **have a bath** so kupać; **have a child** dźěćo dóstać; **have a disco** fetu/disco zarjadować/wotměć; **Have a good time!** Wjele wjesela!; **have a nice time** wjele wjesela měć, rjany čas měć; **have a picnic** piknikować; **have a race** wuběďźowanje zarjadować; **have a shower** so dušować; **have a wash** so myć; **have breakfast** snědać; **have lunch** wobjedować; **have tea** wječerjeć; čaj pić; **have got** měć, wobsedźeć; **have got to** (činić) dyrbjeć; **have to** (činić) dyrbjeć; **have sth. done** činić dać što
he wón
head n. hłowa; v. nawjedować (organizaciju)

head of state hłowa stata
headache hłowybolenje
headmaster šulski wjednik, direktor šule
headmistress šulska wjednica, direktorka šule
headquarters hłowny kwartěr
headset nahłowne słuchatko
heal žić, hojić
health strowota; **health food** bio-žiwidła, přirodne žiwidła
healthy strowy
hear słyšeć; poskać na koho/čo
heart wutroba
heat n. ćopłota; v. tepić, wohrěć
heater kachle; campingowy warjak
heating tepjenje
heavy 1. ćežki; 2. husty (wobchad)
hectic hektiski
height wysokosć
helicopter helikopter
Hello! Halo! Postrow! Witaj!; **say hello to** strowić, witać
helmet nahłownik
help n. pomoc; v. pomhać; **with the help of** z pomocu; **help oneself** so (sam) posłužić, sej brać, sej pomhać; **if you can help it** jeli/hdyž móžeš to wobeńć, jeli/hdyž móžeš so tomu wuwinyć
helpful pomocliwy, pomocniwy, wužitny

helpless bjezpomocny
her 1. jej, jeje; 2. jej, ju
herb zelo (k hojenju), kuchinske zelo
herd stadło
here tu, jow(le); **Come here!** Pój sem! Pójće sem!;
Here you are. Tu, prošu. Prošu jara.
hero rjek
heroin heroin
heroine rjekowka
hers jeje
herself sebje sama, sama
Hey! Hej! Słuchaj! Słuchajće!
Hi! Halo! Hej! *(postrow)*
hide schować
high school gymnazij
high school wyša šula
high technology wysoko wuwita technologija
high wysoki
Highlander wobydler/ka,Highlands‘ w Šotiskej
Highlands hory na sewjerje Šotiskeje
highly wysoko, najwyše
highway dalokodróha; awtodróha
hill hórka
him jemu, jeho
himself sebi samomu, sam
hippo wodosłon, rěčny kóń, hipopotamus
hire wotnaječ; přistajić
his jeho

historical historiski, stawizniski
history stawizny
hit bić, trjechić
hobby hobby
hockey hokej
hold dźeržeć; **hold an election** wólby wotměć, wolić; **hold a meeting** so schadźować, hromadźe přińć, zhromadźiznu wotměć; **Hold on a minute.** Wokomik prošu. Dočakaj wokomik.
hold one's breath njedychać (krótki čas); **Hold tight.** Dźerž kruće!; **hold sb. up** zadźeržeć koho; **hold the opinion that** měnić, zo; měnjenja być, zo; wěrić, zo; **hold the view that** měnić, zo; měnjenja być, zo; **hold the line** wostań/će při aparaće/telefonje; **hold up** horje dźeržeć, zběhnyć
hole dźěra
holiday swobodny/swjaty dźeń; **holidays** prózdniny, dowol; **go/be on holiday** do dowola/prózdnin jěć, w dowolu być
Holland Holandska, Nižozemska
holy swjaty, poswjećeny
home dom, bydlenje, domizna; **at home** doma; **go home** domoj hić; **homeless** bjezdomny, bjez domizny
homesick - be homesick (for) so styskać (za)
homework domjacy nadawk; **do one's homework** domjace nadawki činić

honest sprawny
hoof kopyto, *pl.* kopyta
hooligan hooligan, rowdy, bičk
hope n. nadźija; v. so nadźiječ
hopeful nadźijepołny, połny nadźije
hopeless bjez nadźije, bjeznadźijny
horizon horicont, wobzor
horn truba
horrified - be horrified at sth./sb. wustróžany być (před kim/čim)
horror horror, hrózba
horse kóń
horse power konjaca móc (PS)
hospital chorownja; **in/to hospital** w chorowni/do chorownje
hostel hospoda; **youth hostel** młodownja
hostile njepřećelski
hot dog hot dog *(kołbaska w całće)*
hot horcy
hotel hotel
hour hodźina; **for hours** hodźiny dołho
house chěža, dom; **detached house** swobodnje stejacy dom, jednotliwy dom; **at Dave's house** pola Dava doma
household domjacnosć
housework domjacnostne dźěło; **do the housework** domjacnostne dźěło činić

housing bydlenje; zastaranje z bydlenjemi; bydlenski
hover craft powětrozawkowe jězdźidło
how kak; **How are you?** Kak so tebi dźe?; **How many?** Kelko? Kak wjele?; **How much?** Kelko? Kak wjele?; **How much is it?** Kelko to płaći?; **How old are you?** Kak stary sy?; **however** ale, pak, wšak; kažkuli
huge hoberski, jara wulki
human humany, čłowjeski; **human being** čłowjek
humor humor
humorous humoristiski, směšny
hunger hłód
hungry hłódny; **be hungry** hłódny być; **be hungry** hłódny być
hunt v. hońtwjerić; n. hońtwa; **hunter** hajnik, hońtwjer
hurrah! hura!
hurry - be in a hurry spěchać, chwatać; nuzne měć; **hurry up** spěšnje činić, so do spěcha měć, chwatać
hurt zranić
husband mandźelski, muž
hut hěta, buda
hyphen wjazaca smužka, wjazawka
hysteria hysterija
hysterical hysteriski
hysterically hysterisce

I

I ja

i.e. = that is t.r. = to rěka

ice lód; **ice-cream** zmjerzlina; **ice-cream parlor** zmjerzlinarnja; **ice-skating** smykanje

icy lodowy, lodźany, lodojty

idea mysl, ideja; **No idea.** Njewěm. Nimam žane zdaće.

ideal idealny

idealistic idealistiski

idealistically idealistisce

identify with (so) identifikować z

identity identita

if jeli, hdyž; hač; **if I were you** ja na twojim městnje, jeli bych ja ty był

ignorance ignoranca, njewěda

ignorant ignorantny, njekubłany, hłupy

ignore ignorować

ill chory

illegal ilegalny

illness chorosć

illustrate ilustrować

illustration ilustracija, wobraz

image image, mjeno; rěčny wobraz

imaginary imaginarny, wunamakany, njeeksistowacy

imagination imaginacija, fantazija, předstajenje

imagine sej předstajić; **Just imagine.** Předstaj sej jenož!
immigrant zapućowar, imigrant
immigrate zapućować, imigrować
immigration zapućowanje, imigracija
impatience njesćerpnosć
impatient njesćerpny
impersonal njewosobinski
impolite njezdwórliwy
impoliteness njezdwórliwosć
import n. import; v. importować
importance wažnosć
important wažny
importer importer
impossible njemóžny
impractical njepraktiski
impression začišć
improve polěpšić
in nutř; nutřka, w; **go in** nutř hić; **in a hurry** w chwatku; **in a minute** hnydom, za minutu; **in bed** we łožu; **in doing sth.** z tym/přez to, zo (što činiš), při; **in English** jendźelsce; **in front of** před; **in future** w přichodźe; **in January** w januarje, we wulkim róžku; **in my opinion** po mojim měnjenju; **in 1980** 1980, w lěće 1980, lěta 1980; **in ruins** spadnjeny, rozbity, zničeny; **in spite of** njehladajo/njedźiwajo na,

njedźiwajcy čeho **in the country** na wsy; **in the fields** na polu; při fronće; **in the morning** rano; **in the picture/photo** na wobrazu/foće; **in the spring** nalěto; **in the street** na dróze; **in those days** tehdy; **in town** w měsće, w centrumje; **be interested in** so zajimować za, zajimowany być na čim; **one in four** kóždy štwórty

inch inch *(měra dołhosće)* - 2,54 cm

include wopřijeć, zapřijeć

income dochody, mzda

incomplete njedospołny, njekompletny

increase n. róst, rozrost, přiběranje; v. powyšenje, přiběrać; so powyšeć

indeed woprawdźe

independence from njewotwisnosć wot

independent njewotwisny

India Indiska

Indian 1. Indičan/ka; Indian/ka; 2. indiski; indianski

indirect indirektny

individual 1. indiwidualny; 2. wosoba, indiwiduum

indoor nutřka, doma, w domje

indoors nutřka, w domje; nutř

industrial industrijny; industrielny

industrialist industrialnik

industry industrija

inedible njejědźny

inequality njerunosć, njerunoprawnosć

infer from wotwodźić wot, sćěhować z

infertile njepłódny
influence wliw
inform informować
informal informelny
information informacija; **Information Center** informaciski centrum/běrow, naprašowarnja
informer informant
inhuman inhumany, nječłowjeski
injured zranjeny
inland nutřkokrajny
inn hosćenc, korčma
inner city bydlenski wobwod w centrumje města
innocent njewinowaty
innovation inowacija, nowostka, nowosć, nowota
insect insekt, překasanc
inside nutřka
insist on wobstać na
instability instabilnosć
install instalować, připrawić, zatwarić
instead město toho, za to; **instead of** město toho zo
institution institucija
instruction instrukcija, nawod, předpis
instructor instrukter, wučer, poradźowar
instrument instrument
insult n. křiwda, křiwdźenje; v. křiwdźić
intelligent inteligentny
intend wotmyslić, planować, chcyć, wotpohlad měć
intention wotpohlad, plan

interest n. zajim; v. zajimować; **take an interest in** so zajimować za
interest on dań na/za
interested in zajimowany być na čim/za čo
interesting zajimawy
interior nutřkowne, nutřkownosć
international mjezynarodny
interpret tołmačić; interpretować, zrozumić
interrogation přesłyšowanje
interrupt přetorhnyć
intersection křižowanišćo
interview n. interview; v. interviewować, so prašeć, so naprašować
interviewer interviewer, reporter
into do (nutř)
intolerance intoleranca
intolerant intolerantny, njetolerantny
introduce předstajić; zawjesć
introduction zawod, předstajenje (problema, wosoby), zawjedźenje
introductory zawodny
invade wobsadźić, zaćahnyć (z namocu), so zadobyć
invader zadobywar, wobsadnik, okupant
invasion inwazija, zadobywanje, wobsadźenje
invent wunamakać
invention wunamakanje, wunamakanka
inventor wunamakar
investigation (into sth.) přepytowanje (čeho)

invisible njewidźomny
invitation přeprošenje
invite přeprosyć
involuntary 1. bjez wotpohlada, bjez wotmysła; 2. njedobrowólnje
involved - be involved (in)wobdźěleny być (na čim/při čim), něšto činić měć (z); **become/get involved** so sćahnyć do; so wobdźělić
Ireland Irska
Irish 1. irski; 2. Ir, Ira/Irka; **the Irish** Irojo; **Irishman/Irishwoman** Ir, Ira/Irka
iron n. železo, žehlidło; v. žehlić; **non-iron** 1. nic ze železa; 2. nic žehlić
irresponsible njezamołwjomny; njezamołwity
is je *(3. wosoba sg. wot‚być')*
island kupa
isle kupa
issue fakt, problem, naležnosć
it to
Italian 1. italski; 2. Italčan/ka
Italy Italska
item (programowy) dypk; wozjewjenje, zdźělenka
its jeho, jeje *(na wěcy poćahowane)*
itself so; za sebje sam, sam; **the dog hides itself** pos so chowa

J

jacket žaket
jail jastwo
jam marmelada
January januar, wulki róžk
jar (zawarjenska) škleńca; hornc
jazz jazz *(hudźbny stil z USA)*
jealous zawidny
jeans jeans
Jew žid/židowka
jewel(s) juwel(e)
Jewish židowski
job job, dźěło; **do a good job** dobre dźěło wukonjeć, derje dźěłać
jog běhać, jogować
join so wobdźělić, so přizamknyć; **join hands** ruku/ruce zawdać; **join in** so přizamknyć, sobu činić, so wobdźělić
joke žort; **You must be joking.** Ty žortuješ! To pak njeje chutnje měnjene!
journey jězba
joy radosć, wjeselo
judge from sudźić z, hódnoćić po
judo judo
juice brěčka
July julij, pražnik
jump v. skakać; n. skok

June junij, smažnik

junior 1. junior; 2. młodźinski, juniorski; **junior high school** prěnje tři lěta ameriskeje wyšeje šule

just 1. jenož; 2. runje; 3. jednorje, woprawdźe; 4. sprawny; **just about** tak někak, někak, nimale, něhdźe; **just (like as)** dokładnje (kaž); **just to the south of** hnydom južnje wot

K

kangaroo kenguru

karate karate

keep schować, wobchować; (zakoń) dodźeržeć, so měć po; **keep a promise** přilubjenje dodźeržeć; **keep away from** so zdalować wot, so wotwlakować wot**;** **keep cattle** skót plahować; **keep doing sth.** něšto dale činić, pokróčować; **keep (out)** (wonka) wostajić; **keep the peace** měr zachować; **keep to** so dźeržeć na; **keep up to date** na najnowšim stawje wostać, na běžnym być/wostać

keeper stražnik

ketchup ketchup

key kluč

keyboard keyboard, tastatura

kick n. kopanje, kopnjenje; v. kopać

kid dźěćo; młodostny
kill morić, zamordować
killing morjenje, zamordowanje
kilo kilo
kilometer kilometer
kilt kilt *(šotiska muska suknja)*
kind (of) družina
kind of you lubje/přećelnje wot tebje/was
king kral
kingdom kralestwo
kit - repair kit płatanski grat
kitchen kuchnja
knee koleno
knife nóž, *pl.* nože
knock n. klepanje; v. klepać, bić, storkać
know znać, wědźeć; **get to know** zeznać; **you know** wěš, potajkim, wšak, dźě
know-how know-how *(praktisko-techniska wěda, nazhonjenja)*
knowledge wěda
known znaty; **be known to do sth.** znaty być za čo; **well-known** derje znaty, znaty

L

labor 1. dźěło; 2. dźěłaćerski
labor force (*sg.*) dźěłowa/e móc/mocy, dźěłaćerstwo, dźěłaćerjo
laboratory laboratorij, labor
lack (of) njedostatk, falowanje, pobrachowanje
ladder rěbl
lady lady, dama, knjeni/knježna, žona
lake jězor
lamp lampa
land kraj, póda, zemja
landlord/landlady wobsedźer/ka doma, hospodar/ka (doma); hosćencar/ka
landmark (widźomne) znamjo, symbol; měznik
landowner wobsedźer/ka ležownosćow, ležownostnik
landscape krajina, wobraz krajiny
language rěč
large wulki
last adj. posledni; v. (wu)trać; dosahać; **at last** skónčnje; **be last** posledni być; **last but not least** nic naposledk(u); **last night** zašły wječor, wčera wječor; zašłu nóc, wčera w nocy; **last Saturday** zašłu sobotu
late pozdźe; **be late** so zapozdźić

latest najnowši; **at the latest** najpozdźišo
Latin 1. łaćonski; 2. łaćonšćina
laugh so smjeć; **laugh at** so smjeć nad čim; so wusmjeć
laughter smjeće
launching pad wottřělna/wutřělna rampa (za rakety)
law zakoń; **law-firm** prawizniska kenclija
lawless bjezzakonski; přećiwozakonski, njezakonski
lawn trawnik
lawyer prawiznik/prawiznica; jurist/ka
layout layout, rjadowanje, zapołoženje
laziness lěnjosć
lazy lěni
lead wodźić, nawjedować
leader wjednik/wjednica, nawoda/nawodnica
leaf łopjeno, *pl.* łopjena
learn wuknyć; **learn about** wuslědźić, zhonić wo
learner šuler/ka, započatkar/ka
least najmjenje, najmjeńši, najsnadniši; **at least** znajmjeńša; **last but not least** nic naposledk
leather koža
leave woteńć, wotjěć atd.; wostajić, zawostajić; stejo/ležo wostajić, zabyć; **leave school** šulu zakónčić/wopušćić; **leave sth. behind** zawostajić; **leave sth. to sb.** přewostajić što komu
left 1. lěwy, nalěwo; 2. *p.t. a particip wot*, leave‘;**on the left** na lěwym boku, zlěwa, nalěwo

leg noha
legal legalny, zakonski, po zakonju
legalize legalizować
legend legenda, powěsć
legendary legendarny
lemonade limonada
lend wupožčić
length dołhosć
less mjenje
lesson (šulska) hodźina
let dać, dowolić; **Let me see.** Pokaž! Dočakaj! Daj mi přemyslować!; **let's = let us** Dajmy, njech, čińmy; **Let's see.** Pohladamy! Budźemy widźeć.; **let down (sb.)** přesłapić; wopušćić
letter list; pismik
letter-box listowy kašćik
liberal 1. liberalist; 2. liberalny
liberty swoboda
library knihownja, biblioteka
license licenca, dowolnosć
lid wěko, powěko
lie n. łža; v. łžeć; ležeć; **lie to sb.** nałžeć, wobłžeć koho
lie down so lehnyć
life žiwjenje, *pl.* žiwjenja
lifeboat wuchowanski čołm
lifeline wuchowanski powjaz
lifetime žiwjenje, žiwjenski čas
lift n. lift; v. zběhnyć

light n. swěca; v. zaswěćić; **traffic lights** wobchadna ampla, *pl.* wobchadne ample
light lochki; swětły
like 1. v. rady měć/činić, so lubić/spodobać; **How do you like ...?** Kak so ći lubi ...?; **I'd like ...** Bych rady ...; **like better/best** so lěpje/najlěpje lubić; **your likes and dislikes** štož so ći lubi a njelubi 2. kaž; **like this** takle, tak; na slědowace wašnje; **like that** tak, takle, na tajke wašnje; **things like that** tajke wěcy, tajke něšto; **What's it like?** Kak to wupada? Kajke to je?;
likely prawdźepodobnje, najskerje; **be likely to do sth.** něšto prawdźepodobnje/po wšěm zdaću činić
limit limit, (hornja) hranica, wobmjezowanje
line n. rynk čakacych ludźi; v. so nastupić
line linija; linka; (telefono)wód, powod; rynk (čakacych); **tree-lined** wobrubjeny wot štomow
lingua franca wobchadna rěč (mjez ludźimi z rozdźělnymi maćernymi rěčemi)
linked - be linked by/with zwjazany być přez/z
lion law
lip huba
list n. lisćina; v. naličić, do lisćiny zapisać
listen to słuchać na, poskać na
listener posłuchar, připosłuchar
listening comprehension zrozumjace słuchanje (na přikład: cuzorěčnych tekstow)

liter liter
literary literarny
literature literatura
litter n. wotpadki, smjeće; v. ze smjećemi zanjerodźić
little 1. mały; młody; 2. mało; **a little** trochu, tróšku, kusk
live v. žiwy być, bydlić; adv. direktny, live; **live by the laws** po zakonjach žiwy być; **live on sth.** wot něčeho žiwy być, so wot něčeho zežiwić
liveliness žiwosć, čiłosć
lively žiwje, temperamentnje
living-room bydlenska stwa
load nakładować
loaf pokruta, *pl.* pokruty
lobby lobby *(zjednoćenstwo zajimcow)*
lobby sb. for sth. wobwliwować (zapósłancow), spytać što (na př. zakoń, wukaz) přesadźić
local lokalny, městny
lock (in) zamknyć (so), zawrěć (do)
lock n. zamk; v. zamknyć
logical logiski
loneliness samota
lonely samotny
long dołhi; **not long ago** před krótkim, njedawno
longer- no longer nic dlěje, nic wjace
look n. pohlad, pohladnjenje, hladanje; v. hladać, wupadać; **look after** so starać wo, kedźbować

na; **look at** hladać na, wobhladać sej; **look for** pytać; **look forward to doing sth.** so na čo wjeselić; **look round** so rozhladować; **look up** (po)hladać do, pytać

Lord Bóh (tón) Knjez, Bóh luby Knjez

lord lord, knjez, zemjan

lose zhubić

loser přěhračk

loss strata, škoda

lots/a lot (of) wjele, mnóstwo

loud wótře

love 1. lubosć; 2. lubować; **fall in love with** so zalubować do; **love** (n) wjele lubych postrowow/přećow ...; **send/give one's love to sb.** někoho strowić (dać); **I'd love** bych njesměrnje rady/jara rady; **I'd love to** bych njesměrnje rady/jara rady

lovely lubozny, krasny, šikwany

low niski

loyalty to loyalnosć napřećo, swěra k

LP (long-playing record) dołhohrajna tačel

luck zbožo

luckily na zbožo

lucky - be lucky zbožowny być, zbožo měć

lump - sugar lump kusk cokora

lunch wobjed; **for lunch** k wobjedu; **have lunch** wobjedować; **What's for lunch?** Što dawa k wobjedu?

M

machine mašina
machinery mašinerija, mašiny
mad at rozhorjeny, njemdry na
madam knjeni, madam; **Dear Sir or Madam** Česćene knjenje a česćeni knježa
made of (wax) zhotowjene z (wóska)
magazine magacin, časopis
magic 1. kuzłarski, magiski; 2. kuzłanje, magija; **do magic** kuzłać
magician kuzłar/ka
magnificent krasny
magnifying glass powjetšowaca škleńca, lupa
mail póst, póšta, posyłki; **air mail** 1. z lětadłom posrědkowany póst, lětadłowy póst; 2. (list) wotpósłać, paket
main hłowny
mainly hłownje, přewažnje
maintain wobchować, zachować, zdźeržeć; zežiwić
major wažny, wuznamny
majority wjetšina
make činić, tworić, nadźěłać, twarić; **make a comment** přispomnjenje činić, přispomnić, komentować; **make friends** so spřećelić; **make into** činić k, přetworić do; **make it** něšto docpěć, wuspěch měć; **make money** pjenjezy zasłužić; **make sb. do sth.** někoho nuzować

něšto činić; **make sb sth.** někoho k čemu činić; **make tea** čaj warić; **make up** sej wumyslić, wunamakać, zestajeć z, zestajeć što; so rjany činić

male 1. muski; 2. muž, muski, sanc

man muž, čłowjek/mužojo, ludźo

manage managować, nawjedować (firmu, wobchod atd.); **manage to do sth.** něšto přesadźić, docpěć, něšto činić

manager manager, nawoda, wobchodny wjednik, nawjedowanska móc

mankind čłowjestwo

man-made kumštny

manufacture produkować

many wjele

map karta

marathon marathon *(běh na 42,195 km)*

march n. pochod, demonstracija; v. pochodować, maršěrować

March měrc, nalětnik

mark woznamjenić

market wiki

marriage (to) mandźelstwo (z); žeńtwa

marry so zmandźelić, so woženić, so wudać; **get married** so zmandźelić, so woženić, so wudać; **married (to)** zmandźeleny (z), woženjeny (z), wudata (na)

marshal (US) šef policije *(w USA)*

mass (of) masa, mnóstwo, kopica
massacre masaker, zabiwańca, mordowanje
master n. mišter; v. zmištrować
match n. hra, zapalka; v. zjednoćić, zwjazać
material material
math matematika
matter wěc, naležnosć; **no matter (how/what)** wšojedne (kak/što); **It doesn't matter.** Ničo wo to. Wšojedne.
May meja, róžownik
may směć, móc
maybe snadź, móžno (zo)
mayor wjesnjanosta, měšćanosta
me mje, mnje, ja, mi; **It wasn't me.** To njejsym ja był.; **older than me** starši hač ja
meal jědź
mean v. rěkać, woznamjenjeć, měnić; adj. skupy
meaning woznam, wuznam; **mean by** zrozumić pod; **mean to do sth.** něšto z wotpohladom činić, něšto činić chcyć; **meant as** myslene/měnjene jako
measurement měrjenje; měra
meat mjaso
mechanic 1. mechanikar; 2. mechaniski
media - the media medije *(rozhłós, TV, nowiny atd.)*
medical mediciniski, lěkarski
medicine medicina, lěkarstwo

meet so zetkać, so zeznać; wotewzać, hić/jěć po; **meet with** storčić na čo
meeting zetkanje, zhromadźizna
melt tać, škrěć
member of čłon
membership card čłonski wupokaz
memorial pomnik, wopomnišćo
memory pomjatk, wopominanje
mention naspomnić, mjenować
menu jědźna karta, jědźny lisćik
merry wjesoły
message poselstwo, powěsć
messenger - (bike) messenger posoł na kolesu
metal metal
meter meter
metropolitan area měšćanska wulkopřestrjen, wobwod kopjenja
microphone mikrofon
midday připołdnjo
middle 1. srjedźizna; 2. Srjedźny; **in the middle** w srjedźišću, srjedźa, wosrjedź; **Middle Ages** srjedźowěk
midnight połnóc
Midwest srjedźny zapad USA
might bych móhł/bychmy móhli; **I might just as well.** Ja bych móhł tohorunja ... Ja bych móhł runje tak ...; **(al)mighty** (wšeho)mócny

mile mila; **miles per hour = mph** mile na hodźinu *(spěšnosć)*
milestone milnik
military wojerski
milk 1. mloko; 2. dejić
millimeter milimeter
million milion
mind 1. měnjenje; 2. něšto měć přećiwo čemu; **change one's mind** swoje měnjenje změnić; **come to mind** so dopomnić; **have sth. in mind** na něšto myslić, sej něšto wotmyslić; **make up one's mind** so rozsudźić; **Never mind.** To njewadźi. To je wšojedne.
mine mój, swój
mine podkopki
miner hórnik
minerals mineralije
mining 1. hórnistwo; 2. hórniski
minister duchowny, farar
minority mjeńšina
minus minus
minute minuta; **in a minute** hnydom, za wokomik; **Wait a minute.** Wokomik, prošu!
mirror špihel
misbehave so njepřistojnje/špatnje zadźeržeć
miserable bědny, wbohi, njezbožowny, zrudny
misinform wopak informować

mislead zawjesć
misplace wopak zarjadować, zapołožić
Miss knježna
miss zakomdźić, skomdźić; parować koho/što
missing falowacy, pobrachowacy; **be missing** falować, pobrachować; **be missing** falować, pobrachować
misspell wopak pisać
mistake zmylk
mistreat zlě/hroznje zachadźeć z kim/z čim
misunderstand wopak zrozumić, njedorozumić
misunderstanding njedorozumjenje
misuse 1. znjewužiwanje; 2. njezaměrnje wužiwać, znjewužiwać
mix up zaměšeć, zaměnić
mix with zaměnić z
mixed změšany, wšelakory; **mixed bag** pisana měšeńca
mixture mikstura, měšeńca
moan stonać; žałosćić
mobility mobilita
model model
modern moderny, načasny
modernize wobnowić, modernizować
molehill knotwišćo
mom maćerka
moment moment, wokomik; **at the moment** nětko, tuchwilu

monarchy monarchija
Monday póndźela; **on Mondays** na póndźelach, (kóždu) póndźelu
money pjenjezy
monitor monitor, wobrazowka
monkey wopica
monster monster, šerjenje
month měsac
monument monument, pomnik
moon měsačk
moped moped
moral 1. moralka; 2. moraliski
more wjace; **more and more** přeco wjace, wjace a wjace; **more exciting** bóle rozbudźacy; **more than** wjace hač; **not any more/no more** žadyn wjace, nic wjace; **some more** hišće někotři/něšto
morning ranje, dopołdnjo; **Good morning.** Dobre ranje! Dobry dźeń!; **in the morning** rano; **on Monday morning** póndźelu rano; **this morning** dźensa rano; **tomorrow morning** jutře rano
most najwjace, najbóle; **the most exciting** najbóle rozbudźacy; **mostly** zwjetša, hłownje
motel motel
mother mać
motivate motiwěrować, pohonjować
motive motiw, přičina

motor home bydlenski mobil, campingowy bus, karawan
motorbike moped
motorcycle motorske
mountain hora
mouse myš, *pl.* myše
mouth huba
move 1. so hibać, so pohibować; 2. přećahnyć, so přesydlić; **be on the move** po puću być, so hibać
movement pohib, hibanje
movie film; **go to the movies** do kina hić; **movie theater** kino
moving so hibacy; hnujacy
moving van meblowy wóz
mph (miles per hour) mile na hodźinu
Mr / Mrs / Ms knjez/knjeni/knježna *(neutralna narěč - tež knjeni)*
much wjele, mnoho; **like very much** jara rady měć; **Thank you very much.** Wulki/wutrobny dźak.
mud błóto
muddy błóćany, mazany, bahnojty
mug nadpadnyć a wurubić
multi- multi-, wjele-, wjace-
mummy maći, maćerka
murder v. morić; n. morjenje, mordarstwo
murderer mordar
museum muzej

music 1. hudźba; 2. hudźbny
musician hudźbnik
Muslim 1. muslim/ka; 2. muslimiski
must dyrbjeć
mustn't njesměć
my mój, swój
myself sej sam, so sam, sam
mystery potajnstwo, hódančko

N

nail hózdź, hozdźik
name n. mjeno; v. mjeno dać, pomjenować; křćić;
  What's your name? Kak rěkaš? Kak je
  twoje mjeno?
narrator powědar
narrow wuski
nation nacija, narod, lud, kmjeń
national narodny, nacionalny
nationality narodnosć, staćanstwo
nationalize nacionalizować, zestatnić
nationwide po cyłym kraju
native 1. domoródny, awtochtony; 2. domoródnje;
  Native American Indian
natural přirodny; **natural resources** zemske pokłady
nature přiroda; **close to nature** z přirodu zwjazany,
  blisko k přirodźe

naught nula
NB / nb = nota bene prošu wobkedźbować
near 1. bliski; 2. blisko
nearly nimale, skoro
necessary trěbny
necessity trěbnosć
neck šija
need n. potrjeba, potrěbnosć; v. trjebać; **needn't** njetrjebać; njedyrbjeć; **Need we ...?** Dyrbimy ...?; **That's all I needed.** To mi runje hišće falowaše!; **these statements need checking** tute wuprajenja maja so přepruwować
negative negatiwny
neighbor susod
neighborhood susodstwo; bydlenski wobwod
neither tež nic; **neither of** žadyn z; **neither ... nor** ani ... ani
nephew bratrowc/sotrowc
nerves čuwy, nerwy; **get on sb.'s nerves** někomu na čuwy hić
nervous nerwozny
nervousness nerwozita
net syć
network syć
never ženje, nihdy
new nowy
New Zealand 1. Nowoseelandska; 2. nowoseelandski

New Zealander Nowoseelandźan/ka
news nowosće, powěsće
newspaper nowina
next přichodny; **next Monday** přichodna póndźela
next to direktnje, pódla
nice rjany, šikwany
niece bratrowka, sotrowka
night nóc, wječor; **at night** w nocy; **last night** wčera wječor, wčera w nocy; **on the first night** w prěnjej nocy
no = number čo./čisło
no 1. ně; 2. žadyn; **no longer** nic dlěje, nic wjace; **no more** nic wjace, žadyn wjace; **nobody/no one** nichtó, žadyn
Noah's ark archa Noacha, Noachowa archa
noble zemjanski, hordozny, nadobny
nod v. nygać; n. nyganje
noise hara, šum
noisy wótře; hłósnje
non- non-, nic-, nje-; **non-returnable** wotpadkowy *(na př. bleša)*
none of žadyn z/wot
noon připołdnjo
nor, neither ... nor tež nic, ani ... ani
norm norma
normal normalny
normality normalita
normally normalnje

Norman 1. Normanna; 2. normanniski
north 1. sewjer; 2. sewjerny
northern sewjerny
nose nós
not nic; **not ... any** docyła žadyn; **not ... any more** žadyn wjace, nic wjace; **not ... anybody** nichtó; **not ... anything** ničo; **not ... anywhere** nihdźe; **not at all** docyła nic; **not ... either** tež nic, tež žadyn; **not ever** ženje; **not yet** hišće nic
note n. notica; nota; bankowka; pisomne zamołwjenje; v. wobkedźbować, zwěsćić; **note sth. down** něšto napisać, zapisać
nothing ničo
notice v. wobkedźbować, zwěsćić, pytnyć; n. wuwěšk, wozjewjenje, tafla z informacijemi; **give sb. notice** někomu wupowědźić; pola koho wupowědźić
novel roman
November nowember, nazymnik
now nětko; **now and again** tam a sem, hdys a hdys
nowadays dźensa, dźensniši dźeń
nowhere nihdźe
nuclear power station atomowa milinarnja
number čisło, wudaće; **a number of** wjacore, někotre
nurse chorobna sotra

O

obedience posłušnosć
object objekt
obliged - be obliged to do winowaty być něšto činić
obligation winowatosć
obvious wočiwidny, jasny
ocean ocean
o'clock ... hodźin
October oktober, winowc
Odd one out! Kotre słowo so tu (nutř) njehodźi?
odometer tachometer
of wot, z; **bottle of lemonade** bleša limonady; **both of them** wobaj, wobě; **nice of you** rjenje wot tebje; **of course** wězo; **the name of the street** mjeno dróhi/hasy; **the island of (tears)** kupa (sylzow)
off won, preč, z ... dele/won
offend křiwdźić, ranić
offensive křiwdźacy, ranjacy
offer n. poskitk; v. poskićić
office zarjad, hamt; běrow, sekretariat
officer policist, zastojnik, oficěr
official 1. zastojnik; 2. oficialny, hamtski
often husto, často
oil wolij

OK = okay okay, derje, w porjadku; **I'm OK.** Mi so derje dźe.

old stary

omelet omelet, plinc

on na, při; **be on** zapinjeny być, běžeć; **drive/go on** dale jěć/běžeć; **from now on** wotnětka; **on a visit to** na wopyće pola; **on vacation** w dowolu, na prózdninach; **on Monday(s)** póndźelu (na póndźelach); **on Monday morning** póndźelu rano; **on my way to** na swojim puću k / do ..., po puću k/do ...; **on October 12th** 12. oktobra/ winowca; **on the basis of** na zakładźe; **on the first night** w prěnjej nocy; **on the left/right** zlěwa/sprawa, na lěwym/na prawym boku; **on the phone** při telefonje/aparaće; **on the radio** w rozhłosu; **on TV** w telewiziji; **on the team** w mustwje; **on the train/bus/plane** w ćahu/busu/lědadle; **on the weekend**(s) na kóncu tydźenja, kónc tydźenja; **on your birthday** na twojich narodninach; **questions on the text** prašenja k tekstej

once jónu; něhdy jónu; **at once** hnydom; **once more/once again** hišće jónu, hišće raz

one - the blue one tón módry; **the blue ones** te módre

one can say that Hodźi so prajić, zo .../Móžeš prajić, zo ...

one/one's jedyn/swój

oneself sej sam
only jenož; **not only ... but also** nic jenož ..., ale tež; **the only** jenički
onto na ... (horje)
open v. wočinić; adv. wočinjeny, wotewrjeny
open up so wotewrić, so skićić (jako móžnosć)
opening times wotewrjenski čas, dźěłowy čas
opera opera
operate posłužować; skutkować, dźěłać
operation operacija, akcija, předewzaće, přepytowanje
opinion měnjenje; **in my opinion** po mojim měnjenju
opportunity składnosć, (dobra) móžnosć
opposite napřećiwny, nawopačny; n. nawopačne; napřećo
opposition to opozicija přećiwo, spjećowanje přećiwo
or abo
oral ertny
orange oranža
orchestra orchester, kapała
order - in order to zo (by)
order n. přikaz; skazanka; porjad; slěd; v. skazać; přikazać
order sb. to do sth. někomu přikazać něšto činić
ordinary prosty, jednory, normalny
organization organizacija

organize organizować
origin pochad, nastaće
original 1. original; 2. originalny
orphan syrota
other druhi, hinaši
otherwise hewak
ought to dyrbjał/měł (poprawom)
our/ours naš, naju
ourselves sej sami, sami
out 1. won; 2. wonka; **come out** won přińć, nastać; **die out** wotemrěć, so zhubić; **find out** namakać, wunamakać; **get out of the train** z ćaha wulězć; **go out with** so z kim zetkać, preč hić z; **out of** z, wot
outdoor wonka
outdoors won, wonka
outgoing towaršliwy, kontaktliwy
outside 1. wonka; 2. zwonka
outskirts kroma (města), wonkowne dźěle (města)
over nad; nimo; wjace (hač); **be over** nimo być; **over there** tam; **over the years** přez lěta
overcrowded přepjelnjeny (z ludźimi)
overhead projector polylux, projektor za folije
overnight přez nóc
overpower přemóc, předobyć
overseas 1. zamórski; 2. za morjom/za morjo/ze zamorja

overtake přesćahnyć

own v. wobsedźeć; 2. adj. swójski; **I pay for my own.** Płaću sam.; **on my own/your own** sam, bjez pomocy

owner wobsedźer/ka

ozone layer oconowa woršta

P

p.m. popołdnjo, po 12.00 hodź. hač do połnocy (*při podaću časa, na př.:* 1.00 pm)

Pacific 1. Pacifik, Pacifiski ocean; 2. pacifiski

pack zapakować

package pakćik, paket

page strona (w knize)

pain ból

paint n. barba; v. barbić, molować

painter moler

pair por, porik; **au pair** au-pair holca/hólc

pajamas nócny woblek

palace palast

panic 1. panika; 2. paniski; 3. so do paniki dóstać

pants cholowy

paper papjera; nowina; tapeta; **do a paper round** nowiny roznošować

parade parada

paragraph paragraf, wotrězk
parallel 1. paralela; 2. Paralelny; **parallel to** paralelny k
parenthesis spinka/spinki
parents starši, staršej
park n. park; v. parkować
parking lot (wulke) parkowanišćo; parkowanski dom
parking space swobodne městno za parkowanje
parliament parlament
parrot papagaj
part dźěl; wokolina; róla
participant wobdźělnik
particular specielny, postajeny
particularly wosebje
partly zdźěla
partner partner
part - take part in so wobdźělić
part-time połdnjowy
party party, swjedźeń; strona
pass nimo hić/jěć, złožić (pruwowanje); dać; přihrać; wudać (zakoń); **pass by** nimo hić/jěć **pass through** přeńć, přejěć, jěć/hić přez; **pass the time** čas zabiwać, so zaběrać z čim (zo by čas zašoł)
passage přechod, pasaža
passenger pasažěr
passport pas

past 1. zašłosć; 2. zašły, prjedawši; 3. nimo; **half past ten** napoł jědnaćich
path puć, pućik
patience sćerpliwosć
patient 1. pacient; 2. sćerpliwy
pavement chódnik
pay v. płaćić; n. mzda; **pay for** płaćić za; **pay off** so wupłaćić
PC = personal computer personalny komputer
pea hróšatko, hroch
peace měr
peaceful měrliwy, měrny
pedal pedal
pedestrian pěšk; **pedestrian crossinh** škitny přechod za pěškow; **pedestrian precinct** cona za pěškow
pen pisak, pjelnjak, pjero; **pen pal** dopisowanski přećel, dopisowar
pencil wołojnik; **pencil-case** pjerowka
penguin pinguin
pension pensija, renta
people ludźo, lud, narod
per cent procent
per na, za
perfect 1. perfektny; 2. perfekt (*gram.*)
perhaps snadź, ewentualnje
period perioda; šulska hodźina; dypk (na kóncu sady)

permanent stajny, trajacy
permission dowolnosć
permit dowolić
persecute přesćěhować
person wosoba; **personal** wosobowy, wosobinski
persuade sb. to do sth. někoho k něčemu přeněčeć, někoho wo něčim přeswědčić
pet (domjace) zwěrjo; **pet shop** coologiski wobchod
phone n. telefon; v. telefonować
photo foto, fotografija; **in the photo** na foće/fotografiji; **take photos** fotografować
photographer fotograf
phrasal verb kruta słowna skupina z werbom a adwerbom
phrase rěčny wobrot; słowna skupina
physics fyzika
piano piano, klawěr
pick šćipać, zběrać; **pick up** zběhnyć, zběrać
picnic picknick; **have a picnic** picknickować
picture n. wobraz, foto; v. wopisać; **in the picture** na wobrazu; **picture postcard** pohladnica **take pictures** wobrazy činić, fotografować
pie pasteta
piece kruch, kusk
pier pier, kai *(městno w přistawje)*
pig swinjo
pilgrim putnikowar

pink róžojty, pink
pipe truba, trubka
pirate pirat
pitch a tent stan natwarić
pity/It's a pity. škoda/Škoda!
pizza pizza
place n. městno, naměsto; v. połožić
plan n. plan; v. planować; wotmyslić
plane lětadło; **by plane** z lětadłom
planner planowar
plant n. rostlina; v. sadźeć, syć
plantation plantaža
plastic 1. plasta; 2. plastowy
plate taler
platform nastupišćo
play n. hra, činohra; v. hrać; **play a team** přećiwo mustwu hrać; **play a trick** někoho norić, někomu klubu činić
player hrajer
please 1. prošu; 2. zawjeselić koho
pleased - be pleased with so wjeselić nad, spokojom być z
pleasure wjeselo
plenty of wjele
pliers kombiklěšće
pocket zak, kapsa; **pocket-money** kapsne pjenjezy
poem baseń

poet basnik, poet
poetry basnistwo
point n. dypk; zmysł, zaměr; v. pokazać; **point of view** měnjenje, stejnišćo; **point out** pokazać na, skedźbnić na; **point sth at sb.** z něčim na někoho pokazać; **point to/at** pokazać na, złožić na (na př. kedźbnosć, woči)
poisonous jědojty
polar bear běły mjedwjedź
police policija; **police station** policajski rewěr, policajska stražowarnja; **policeman/policewoman** policist/policistka
policy politika; **foreign policy** wonkowna politika
polio polio
polite zdwórliwy
politeness zdwórliwosć
political politiski
politician politikar/ka
politics politika (strategija, wědomosć)
pollute zanjerodźić (wobswět)
pollution zanjerodźenje wobswěta
pond hat
pony pony, konik
poor chudy; špatny
pop music pophudźba, pop; **pop song** popspěw, šlager
popcorn popcorn
popular with woblubowany pola/mjez

population wobydlerstwo
port přistaw
portion (of) porcija
Portuguese 1. Portugalčan/ka; 2. portugalski, portugiski
position pozicija
positive pozitiwny
possess wobsedźeć; **take possession of** sej přiswojić
possibility móžnosć
possible móžny, móžno
possibly snadź, ewentualnje; **We can't possibly do it.** Njemóžemy to při najlěpšej woli činić.
post n. póst; v. wotpósłać
post office póstowy zarjad
postcard dopisnica, póstowa kartka
poster plakat, poster
post-industrial post-industrielny
pot hornc
potato běrna, *pl.* běrny; **potato chips** běrnjace chipsy
pound punt *(britiska měra)*; punt *(waha - 454 gramow)*
pour leć, kidać, zaleć
poverty chudoba
poverty line hranica/mjeza chudoby, chudobna hranica/mjeza, pod hranicu chudoby žiwy być
power móc, namóc; dowolnosć; **power station** milinarnja
powerful mócny

powerless bjezmócny
practical praktiski
practice n. zwučowanje; (lěkarska) praksa; v. zwučować, trenować
praise v. sławić, chwalić; n. chwalba; **praise for** chwalić dla, za
prayer modlitwa, paćer
precinct pasmo, cona, wobwod; **pedestrian precinct** pasmo/cona za pěškow; **shopping precinct** nakupowanske pasmo *(dźěl města z wjele wobchodami za nakupowanje)*
predict wěšćić
prefer to preferować porno čemu/komu, radšo něšto činić
prefix prefiks, předwěšk
prejudice (against) předsudki; **prejudiced (against)** z předsudkami (napřećo)
preparation přihot, přihotowanje
prepare přihotować; **be prepared to do sth.** zwólniwy być něšto činić, za/na něšto přihotowany być
prescription recept
present 1. dar; přitomnosć; 2. nětčiši, tučasny; 3. prezentować
presentation pokazka, předstajenje, prezentacija
president prezident
pressure ćišć
prestige prestiž, dobre mjeno

pretend wudawać, zo; zaćišć činić/budźić, jako by
pretty 1. rjany; 2. chětro
previous prjedawši
previously před, hač dotal
price płaćizna
priest duchowny, farar
prince princ, wjerch
princess princesna, wjerchowka
principal n. šulski nawoda, direktor/ka
print 1. ćišćeć; 2. ćišć
printer ćišćer
printing press ćišćerska prasa
prison jastwo
prisoner jaty
private priwatny
privilege priwileg
privileged priwilegowany
prize myto, dobytk
pro-(British) pro-(britiski)
probably prawdźepodobnje
problem problem
proceed pokročować, dale činić
produce produkować
producer producent
product twora, produkt
production produkcija
profession powołanje (swobodne, akademiske)
professional 1. profesionelny; 2. profi

professor profesor
profile (krótki) žiwjenjoběh, profil
profit profit, nadbytk
profitable profitabelny
program program
programmer programowar
progress postup; **in progress** w nastaću
project projekt
projector - overhead projector projektor za folije
promise v. slubić; n. slub
prompt (pomocne) hesło
pronounce wurěkować
pronunciation wurěkowanje
proof dopokaz
propaganda propaganda
proper wotpowědny, so hodźacy
proposal namjet
protect škitać
protection against škit před
protest n. protest; v. protestować; **protest against** n. protest přećiwo; v. protestować přećiwo
Protestant 1. protestant/ka *(křesćan ewang. wěrywuznaća)*; 2. protestantiski
proud of hordy na
proverb přisłowo
provide zastarać, k dispoziciji stajić
province prowinca

public 1. zjawny; 2. zjawnosć; **public school** priwatna šula *(we Wulkej Britaniskej)*
publish wozjewić, publikować
pull ćahnyć; **pull down** wottorhać, dele storhnyć
pullover pulower
punctual dypkowny
puncture pana *(při awtowej wobruči)*
punish chłostać
punishing zmotacy, kóncowacy
punishment chłostanje
pupil šuler/ka
Puritan 1. puritaniski; 2. Puritan/ka
push storkać, ćišćeć, tłóčić
put stajić, położić; **put down** wotpołožić, wotstajić; napisać, zapisać; **put in** zasadźić, zapisać; **put on** woblěkać; **put out** hasnyć; **put up** natwarić, stajić, powěsnyć, přičinić; **Put yourself in my place.** Přesadź so do mojeje situacije.
puzzle hódančko
puzzled zamyleny

Q

qualification kwalifikacija
quality kwalita
quarrel zwada, rozkora, rozestajenje; **quarrel over/about** wadźić so dla/wo, rozestajeć so

quarter štwórć, běrtlk; **quarter past two** štwórć po dwěmaj, štwórć na tři
queen kralowna
question n. prašenje; v. prašeć so, wuprašować, přesłyšować; **ask a question** prašenje stajić, so prašeć; **question mark** prašak
questionnaire naprašnik
quick spěšny
quiet měrny, ćichi
quit přestać; (městno) złožić, přetorhnyć
quite 1. chětro; 2. cyle; **quite a ...** chětro
quiz quiz
quotation mark pazorki

R

rabbit nukl
race - have a race wuběd́źowanje wotměć, organizować
race n. rasa; wuběd́źowanje; v. chwatać, spěchać, smalić
racial rasowy
racing driver wuběd́źowar
racism rasizm
radical radikalny
radio radijo; rozhłós; **on the radio** w radiju, w rozhłosu

rage hněw, złoby, njemdrosć
raid nadpadnyć; raciju přewjesć; **raid (on)** nadpad; racija (na, w, za)
railway železniska čara, železnica
rain 1. dešć; 2. so dešćować
rainy dešćikojty
raise powyšić, zběhnyć, zběrać; založić (swójbu)
rarely lědma, zrědka
rat wulka myš
rate rata, podźěl
rather chětro; **rather than** radšo hač, město koho/čeho
raw syry
reach for přimnyć za; docpěć
react reagować
reaction reakcija
read čitać; **read out** (před)čitać
readable čitajomny
reader čitar/ka
ready zwólniwy, hotowy
real woprawdźity, realny
realistic realistiski
reality woprawdźitosć, realita
realize spóznać, zwoprawdźić; dowidźeć, pytnyć
really woprawdźe
reappear so zaso/znowa zjewić
rearrange znowa rjadować, přerjadować

reason přičina, wopodstatnjenje; **for this reason** tohodla, tuteje přičiny dla
reasonable rozumny
rebel rebel, zběžkar
rebellion zběžk
rebuild znowa natwarić
receive dóstać; přijimać
recent 1. posledni, aktualny, najnowši; 2. njedawno
recognize připóznać; spóznać
reconstruct rekonstruować
record rekord; tačel; protokolować, zapisać; natočić, nahrać (hudźbu)
record-player tačelak
recover from so wočerstwić
recreation wočerstwjenje, wólnočasna zaběra
recyclable znowa wužiwajomny, recycljomny
recycle znowa wužiwać, znowa předźěłać, recyclować
recycling recyclowanje, znowawužiwanje
red čerwjeny
redo hišće jónu/znowa činić
reduce redukować, pomjeńšić
reelect znowa wuzwolić
refer to so poćahować na
refill znowa pjelnić
reflect reflektować, špihelować
reform n. reforma; v. reformować, přerjadować
refrigerator chłódźak

refuse so spjećować, so wobarać přećiwo; wotpokazać
region region, krajina
regional regionalny
register registrować
regular stajny, regularny; **a regular job** krute/stajne dźěło, krute přistajenje
reject wotpokazać
related - be related to 1. so poćahować na; 2. přiwuzny być z
relations with poćahi z/k
relationship poćah
relative přiwuzny
relatively poměrnje, relatiwnje
relax so wočerstwić, wotpočnyć, wodychnyć
release (na swobodu) pušćić
release the brake spinadło pušćić
relevant relewantny, z wuznamom (za)
reliable spušćomny
religion nabožina
religious education nabožina *(předmjet)*
religious nabožny, religiozny
rely on so spušćeć na
remain wostać, zwostać
remember so dopomnić, sej spomjatkować
remind of dopominać (někoho) na
rename přemjenować, znowa pomjenować
renew ponowić, wobnowić; podlěšić (wupokaz)

renewable wobnowjomny
rent v. wotnaječ, požčić; n. wotnajenske pjenjezy
reorganize reorganizować, znowa organizować
repair v. reparować, porjedźeć; n. reparatura
repair kit płatanski grat, płatanski naporjadk
repeat wospjetować
repetition wospjetowanje
reply to v. wotmołwić na; n. wotmołwa na; **in reply to** jako wotmołwa
report n. rozprawa; v. rozprawjeć; **He is reported to be dead.** Praji so/praja, zo je mortwy.; **reporter** rozprawjer/ka, reporter/ka
represent zastupować, reprezentować
representative 1. zastupnik, zapósłanc; 2. reprezentatiwny
reprieve sb. wobhnadźić koho
reproduction reprodukcija
republic republika
Republican Republikanar/ka *(čłon Republikanskeje strony w USA)*
reputation nahladnosć, mjeno, reputacija
request próstwa
research n. slědźenje; v. slědźić
reservation rezerwacija, rezerwat; rezerwowanje; wobmyslenje
reserve rezerwować
reservoir reservoir, spjaty jězor
resort wočerstwjenišćo, dowolowy centrum

resources - natural resources zemske pokłady
respect respekt; **in this/that respect** w tutym/tamnym nastupanju/zwisku
respectful z respektom, česćowny
responsibility zamołwitosć
responsible for zamołwity za
rest zbytk
restaurant restawrant, lokal
restless njeměrny, bjez měra; njesprócniwy
restore wobnowić, restawrować; znowa natwarić
result wuslědk, rezultat; **as a result** jako wuslědk/rezultat
retell zasopowědać
retire do renty hić, na wuměnk hić
retired w renće, na wuměnku
return v. so wróćić; n. nawrót; **return ticket** jězdźenka za wróćojězbu, nawrótna jězdźenka
returnable bottle wróćomna bleša; **non-returnable (bottle)** wotpadkowa (bleša)
reveal wotkryć, namakać
revise wospjetować (maćiznu)
revolution rewolucija
reward mytowanje; namakanske myto
rewrite znowa pisać, hišće raz pisać
rhyme rym, hrónčko
rich bohaty; ćežki *(płat)*; tučna, płódna *(zemja);* **rich in** bohaty na
rid - get rid of wotbyć

ride v. jěchać; jěć; n. jěchanje; jězba; **a one-minute ride by bus/car** jednu minutu z busom/z awtom; **go for a ride** wokoło jězdźić, krótkojězbu činić
rider jěchar; jězdźer
rifle třělba
right 1. prawo; 2. prawje; 3. prawy; direktny; dokładny; **all right** Dźe do porjadka. Derje. W porjadku.; **be right** prawje měć; **My watch is right.** Mój časnik prawje dźe.;**That's right.** Prawje. Trjechi.; **on the right** na prawym boku
rights prawa pl.
ring n. pjeršćeń; kruh; v. zwonić, zazwonić; **Does this ring a bell?** Dopomniš so? Zda so to tebi znate? Je to tebi znate?; **ring up** zazwonić, zatelefonować
riot zběžk, nadpad, krawal
ripe zrały
ripen zrawić
rise schadźeć; stupać; stanyć, so zběhnyć
risk n. riziko; v. riskěrować, sej zwěrić
rival riwala, kontrahent, přećiwnik
river rěka
road dróha
road sign wobchadne znamjo
roast beef howjaze mjaso
rob rubić, wurubić
robber rubježnik, rubježnica

robbery rubježnistwo
robot roboter
rock skała, kamjeń, skalizna
rock-climbing krosnowanje, alpinizm
rocket raketa
rocky skałojty, skalny
role róla
role-play hra w rólach
roll n. całta; v. kulić, walić
Roman 1. Romjan/ka; 2. romski
roof třěcha
room stwa, rumnosć
root korjeń
rope powjaz
rose róža
rough škropawy, hruby
rough-looking kids młodostni, kiž wupadaja za namocu
round 1. wokoło; 2. kulojty; 3. kanon; koło
route čara, kurs, ruta
row rynk, rjad
royal kralowski
rub (na)mazać, rybować, drapać
rubber drapak
rude hruby; njepřistojny
rugby rugby *(hra)*
ruin n. ruin; rozpad; v. ruinować, zničić; **in ruins** rozpadany, zničeny

rule n. prawidło, předpis; v. knježić
ruler lineal; knježićel
run běžeć; jězdźić; nawjedować (firmu)
run out wuńć, so kónčić, počeć falować; **We've run out of petrol.** Nimamy žadyn bencin wjace.
run-down skóncowany, bankrotny, wonjerodźeny
runner běhar
running water běžata woda
rush n. chwatk, hanjenje; nadběh; v. chwatać, hanjeć
rush hour čas najsylnišeho wobchada
Russia Ruska
Russian 1. Rusa, Rus/Rusowka; 2. ruski

S

sad zrudny
saddle sedło
sadness zrudoba
safari park safarijowy-park
safe wěsty
saga powěsć, powědančko
sail n. płachta; v. płachtakować
sailor namórnik, matroza
salad solotej
salary mzda
sale předań; **for sale** na předań

sales clerk předawar/ka
salt sól
salty seleny
same samsny; **the same** samsny, to samsne
sand pěsk
sandwich pokładźena butrowa pomazka
sandy pěskowy, pěskojty
Santa Claus rumpodich
sari sari *(indiski šat)*
satellite satelit
satisfaction spokojenje, spokojnosć
satisfactory spokojacy
satisfied with spokojom być z
Saturday sobota
sauce juška
saucer talerk, spódnja šklička
sausage kołbasa
save lutować, wumóžić
saw piła
Saxon Saksa/Saksowka
Saxony Sakska
say prajić, rjec; **say hello (to)** strowić (witać koho); **The text says ...** W teksće rěka/steji ...; **What do you say?** Što ty k tomu měniš?; **You can say that again.** To móžeš z połnym prawom prajić.; **He is said to be dead.** Wón je pječa mortwy/zemrěł.

saying přisłowo, wuprajenje, prajidmo
scapegoat hrěšnik za wšo, hrěšny boran
scarce rědki, žadny, snadny
scatter rozbrojić, rozsypać; so zabawjeć, rozpjeršenje měć
scene scena; městno
scenery (rjana) krajina
schedule 1. časowy plan; hodźinski plan 2. hodźinski plan, jězbny plan
scholarship stipendij
school šula; **at school** w šuli; **go to school** do šule chodźić/hić
schoolchildren šulerki a šulerjo
science přirodowěda
scientist přirodowědnik/-wědnica
scissors nožicy
score n. rezultat, staw, dypk; v. dobyć, wrota třělić
Scotland Šotiska
Scotsman/Scotswoman Šota/Šotowka
Scottish šotiski
Scots - the Scots Šotojo
scout scout *(člon młodžinskeje organizacije)*; **Girl Scout** holči/žónski scout
scream n. wukřik, křik; v. rjejić, škrěčeć
screen wobrazowka
screw šrub
screwdriver šrubowak

sea morjo; **sea lion** mórski law

search n. slědźenje, pytanje, přepruwowanje; v. slědźić; pytać; **search for** přepytać, přehladać

seasick mórsku chorosć měć

seaside přibrjóh

season počas; sezona

seat belt wěstotny pas

seat sydło, městno k sedźenju

second 1. druhi; 2. sekunda

secondary school wyša šula, šula sekundarneho schodźenka

secret 1. potajnstwo, potajnosć; 2. tajny; **Secret Service** tajna słužba *(w USA za škit čłonow knježerstwa)*

secretary 1. sekretar/ka; 2. w USA - minister; **Secretary of State** wonkowny minister

sector sektor, wobłuk, wotrězk

security wěstota

see widźeć; **I see ...** Rozumju. Ach tak!; **Let me see.** Dočakaj! Daj mi přemyslować.; **Let's see.** Pohladajmy! Dočakńmy!; **See you soon.** Měj so rjenje. Ahoj!; **you see** mjenujcy, wšak, drje

seem so zdać

segregate dźělić po rasach, diskriminować

segregation dźělenje po rasach, segregacija *(w USA –tamniša forma rasoweje diskriminacije)*

seldom rědki

self-confidence sebjedowěra, sebjewědomje
selfish egoistiski
sell předać
semi-colon semikolon
semi-detached house połojca dwuswójbneho doma
seminar on/about seminar wo, k, na (temu)
senator senator
send słać; **send for** hić/jěć po, słać po; **send sb. to sleep** někoho do spara kolebać, zasparnić
senior citizen rentnar/ka
senior high school *posledni schodźenk ameriskeje, high school (tři lěta)*
sensationally sensacionelnje
sense zmysł, woznam; **make sense** zmysł měć
sensible rozumny
sensitive sensibelny
sentence sada; wusud
separate separatny, dźělny, samostatny
September september, požnjenc
series (wusyłanska) serija
serious 1. chutny; zły; 2. zlě
servant słužownik/słužownica
serve posłužować, serwěrować
service serwis, service; zwisk
set n. sadźba, set, kurs, skupina; v. stajić, położić; so schować (słónco, měsačk)
setting kulisa, městno jednanja
settle sydlić, so zasydlić

settlement sydlišćo
settler sydler/ka
several wjacore; rozdźělne
sewage wopłóčki, wotwody
sex splah, seks
shabby wotnošeny, slěpcowski
shade wotsćin, barbna nuanca
shake n. napoj; v. třasć; třepotać; adv. miksowany
Shall I/we ...? Dyrbju/dyrbimy ...? Mam/mamy ...?
shampoo šampun
shan't = shall not njeměć, njesměć
shape n. forma, postawa; v. formować, tworić
shaped formowany, z formu (čeho, koho)
share (with) dźělić (z), zhromadnje wužiwać
she wona
sheep wowca, wowcy
sheep/cattle station wowča/skótna farma
shelf regal, polca
shell skorpizna zakłapnicy, šlinkowa chěžka
shift změna
shine so swěćić
ship łódź
shirt košla
shock n. šok; dyr, stork; v. šokěrować, šokować;
 shocked šokowany
shoe črij
shoot (za)třělić

shop wobchod; **pet shop** coologiski wobchod; **shopping** nakup(owanje); **do the shopping** nakupować; **go shopping** nakupować hić
short krótki; **be short of** přewjele njeměć, přemało měć
shortage nuza, njedostatk
shorten skrótšić, redukować
shorts krótke cholowy, shortsy
short-sighted krótkowidny; mały *(po postawje)*
shot wutřěl
should by měł/a, bychu měli
shoulder ramjo
shout v. wołać; n. wołanje, křik
show v. pokazać; n. pokazka, show
shower duša; dušowanje, zliwk; **have a shower** so dušować
shut začinić, zawrěć
shy spłóšiwy, bojazliwy, zdźeržliwy
sick chory; **be sick** chory być; **be sick of** něšto syte měć
sickness chorosć
side bok, strona
sidewalk chódnik
sigh zdychnyć
sight napohlad; zajimawostka; **see the sights** zajimawostki wobhladać

sign v. podpisać; n. pokazowaca taflička, znamjo; **road sign** wobchadne znamjo; **sign out/in** so (pisomnje) wotzjewić, so (znowa) přizjewić, so zapisać/so šmórnyć

signal signal

signature podpis, podpismo

silence měr

silently měrnje, ćicho

silliness hłuposć

silly hłupikojty, hłupy, wólberny

silver slěbro

similar podobny

simple jednory, prosty

simply jednorje, prosće

since z, wot, ... dołho

sincerely wutrobnje; **Sincerely (yours) ...** Z wutrobnym/přećelnym postrowom.

sing spěwać

singer spěwar/ka

single 1. jednory; jenički; 2. samostejacy, single

sink so tepić, podnurić, ponurić

sir sir, knjez; **Dear Sir or Madam!** Česćene knjenje a česćeni knježa!

siren sirena

sister sotra

sit sedźeć; **sit down** so sydnyć

site městno; **camp site** campingowanišćo, stanowanišćo
situation situacija, położenje
size wulkosć; **What size do you take?** Kotru wulkosć maš/maće?
ski n. sněhak; v. sněhakować
skill hibićiwosć, wušiknosć, zamóžnosć; kwalifikacija, wěda
skilled in/at šik měć k čemu, so wustejeć na čo
skin koža
skirt suknja
sky njebjo
skyscraper wysokodom, mróčelak
slang slang; jargon *(wosebite wašnja rěčenja)*
slave njewólnik/njewólnica
slavery njewólnistwo
sleep v. spać; n. spar, spanje
sleeping bag spanski měch
sleepless bjezsparny
sleepy zaspany
slogan slogan, parola, hesło
slow pomały
slum slum, štwórć bědnych
small mały
smell n. wóń; v. wonjeć, smjerdźeć
smelly smjerdźacy; **be smelly** smjerdźeć; **This is smelly.** Woni smjerdźa.

smile (at) so smějkotać (na koho)
smoke v. (so) kurić; n. kur
smuggler suwar/ka
snack bar kiosk, snackowa bara
snake had
snow v. so sać, sněh so saje/dźe; n. sněh
snowy zasněženy
so 1. tak; 2. tohodla; 3. potajkim; 4. tak zo; **I don't think so.** Njemyslu tak. To nimam za prawe.; **I think so.** Tež moje měnjenje. Myslu tež tak.; **so-called** tak mjenowany; **so that** tak zo, zo; **So what?** Nó, a? Što je? Što budźe?
soap mydło
sob n. zdychnjenje; v. slipać, spłakować
social towaršnostny, socialny
socialist 1. socialist; 2. socialistiski
society towaršnosć; towarstwo
sock nohajca, zoka
sofa konopej
soft 1. mjechki; 2. mjelčo
soften zmjechčić
soil póda, zemja
soldier wojak
solution (to) rozrisanje (za)
solve wuličić (nadawk), wuhódać (hódančko), rozrisać (problem)

some 1. někotry, někotra, někotre, někotři; 2. něšto; **some more** něšto/někotre/někotři wjace; **somebody/someone** něchtó; **somehow** někak; **someplace** něhdźe; **something** něšto; **sometimes** druhdy; **somewhere** něhdźe

son syn

song spěw

soon bórze; **as soon as** ručež kaž; tak chětře kaž; ručež; **no sooner than** lědma ..., kaž

sore škropawy, zaćěkany, zranjeny, chory; **sore throat** šijebolenje

sorry- I'm sorry. Wodaj(će)!; **Sorry?** Prošu?; **Sorry, I'm late.** Wodaj(će), zo přepozdźe du.

soul duša

sound n. zwuk, zynk; v. klinčeć, so poskać

soup poliwka

sour kisały

source žórło

south juh, połdnjo

southern južny; **southernmost** najbóle južny

souvenir souvenir

space swětnišćo; městno

spaghetti spaghetti

Spain Španiska

Spaniard Španičan/ka

Spanish 1. španiski; 2. Španišćina; **the Spanish** Španičenjo

speak rěčeć
speaker rěčnik
speaking - Amy Connor speaking Amy Connor při telefonje. Tu rěči Amy Conner.
special wosebity, specielny
specialist specialist
species družina, species
spectator přihladowar, připosłuchar
speculation spekulacija
speech narěč; rěč, wašnje rěčenja; **give a speech** narěč dźeržeć
speed spěšnosć
speedy spěšny
spell pisać, pismikować; **be spell - under a spell** zakuzłany być
spend přebywać; wudawać (pjenjezy)
spider pawk
spirit duch, nalada
spiritual spiritual *(ludowy spěw z Ameriki)*
spite - in spite of njehladajo na
split so dźělić; rozrjadować, rozpačić
spoil kazyć; zapleńčić (dźěći)
spoon łžica
sporting activity sportowanje
sports (šulski) sport; **do sport** sportować
spotlight swětłomjetak; jewišćowe wobswětlenje
spread so rozšěrić, so přestrěwać

spring nalěćo; **in the spring** nalěto
square 1. naměsto, kwadrat; 2. kwadratiski, kwadratny
squash (citronowa) brěčka, squash *(hra)*
stability stabilita
stadium stadion
stage jewišćo, etapa
stairs schód, schodźenki
stamp (listowa) znamka
stand stać; **stand up** stanyć; runje stać
standard standard, niwow
stanza štučka
star hwězda; **the Stars and Stripes** *(sing.)* chorhoj USA *(hwězdy a smuhi)*
start n. start, započatk; v. započeć, startować; založić; **start school** so do šule přijimać
starter starter/ka, započatkar/ka
starve wuhłódnić, zahłódnić
state stat; **head of state** prezident/ka *(prěni/najwyši reprezentant stata)*
statement měnjenje, wuprajenje; rozprawa
station dwórnišćo; **police station** policajska stražowarnja, policajski rewěr
statue statua, postawa
stay wostać; přenocować, bydlić; **stay up** so njelehnyć, na nohach wostać
steak steak
steal kradnyć

steam para
steel wocl; **steering wheel** wodźidło
stem (słowny) zdónk
step n. krok; schodźenk; v. stupać, kročić
stereo stereo
stick kij
still 1. hišće; 2. njehladajo na, tež hdyž; **stand still** změrom stać
stomach ache brjušebolenje
stone kamjeń
stop v. za-/přestać; stopować, zadźeržeć; n. zastanišćo; **bus stop** busowe zastanišćo; **stop watch** stopowy časnik, stopowka
store n. kupnica; v. składować; **grocery store** žiwidłowy wobchod
storm wichor, njewjedro; **storm into** so nutř walić, nutř smalić
stormy wichorojty
story powědančko; poschod; **short story** krótkopowědančko
storyteller powědar/ka
stove kuchinske kachle; kachle
straight direktny, runy
strange cuzy, spodźiwny
stranger cuzy/cuza, cuzbnik/cuzbnica
street hasa, dróha; **in Sanfield Street** na Sanfield Street; **in/on the street** na dróze/hasy
stress n. stres; přizwuk; v. wuzběhnyć, přizwukować

strict kruty; absolutny
strictness krutosć
strike stawk; **be on strike** stawkować; **go on strike** stawkować
stripe smuha, šlebjerda
strong mócny, kruty
structure struktura, konstrukcija
struggle with/for wojować z/za, prócować so wo
student student/ka, šuler/ka
study studować, wuknyć
stuff čapor
stupid stupidny, hłupy
style stil, moda, wašnje
subject subjekt; fach, předmjet
suburb předměsto
subway metro
succeed (in) wuspěšny być (při)
success wuspěch
successful wuspěšny
such tajki; **such as** (kaž) na přikład
sudden njejapki, nahły, njenadźity
suddenly nahle, njejapcy, naraz
suffer from ćerpjeć pod
suffix sufiks
sugar cokor
suggest namjetować
suggestion namjet
suicide samomordarstwo

suit přistejeć (drasta)
suitcase kofer
summarize zjeć
summary zjeće
summer lěćo; **in the summer** w lěću
sun słónco
sunburn wusmahnjenosć; wopalenje wot słónca
Sunday njedźela
sunny słónčny
sunshine słónčina, słónco
suntan wusmahnjenosć
super super
supermarket nakupowanski centrum, wulkonakupowarnja, nakupowanišćo
superstitious přiwěrkaty
supper wječer
supplier dodawar/ka, liferant/ka
supply dodawać, dowožować; zastarać
support v. podpěrać, pomhać; n. podpěra, pomoc
supporter podpěrar/ka, pomocnik/pomocnica
suppose měnić, sej myslić; **be supposed to** něšto činić měć (*ně:* etwas tun sollen); něšto ma być/eksistować
sure 1. wěsty; 2. woprawdźe; **be sure of oneself** sebjewědomy być; **be sure to do sth.** něšto cyle wěsće činić, něšto z wěstosću činić; **make sure** so zawěsćić, so přeswědčić, kedźbować na; **Sure!** Wězo! So wě!

surprised překwapjeny
surprising překwapjacy
surrender v. so podać, kapitulować; n. kapitulacija
surrounded by wobdaty wot, z
survey of/on přepytowanje,
wuprašowanje/naprašowanje k, wo
survival wumóženje, přežiwjenje
survive přežiwić, přetrać
sweat n. pót; v. so počić
sweet 1. słódki; 2. słódkosć, plack
swim płuwać
swimming trunks kupanske cholowy
swimming-pool kupanišćo, kupanski basenk
swimsuit kupanski woblek
Swiss 1. šwicarski; 2. Šwicar/ka
switch n. spinak; v. šaltować; **switch on/off**
zašaltować/wotšaltować, hasnyć
Switzerland Šwicarska
sword mječ
syllable złóžka
symbol symbol
symbolic of symboliski za
symbolize symbolizować
sympathetic sympatiski; **be/feel sympathetic
towards sb./sth.** za někoho/něšto sympatiju
začuwać/měć
system system
systematically systematisce

T

table blido; tabela; **table of contents** wobsah, zapis wobsaha; **table-tennis** blidotenis

tablet tableta

taboo adj. tabu; n. tabu

tailor krawc; šwalča

take sobu wzać; donjesć, wotnjesć; trać; **it takes** traje, trjebaš (telko a telko časa); **it takes me an hour** trjebam hodźinu; **take an exam** pruwowanje złožić; **take sth. off** sej něšto slěkać; **take off** 1. start, wotzběhnjenje; 2. startować, so zběhnyć *(lětadło)*; **take part in** so wobdźělić; **take photos/picture** fotografować; **take place** so wotměwać; **take sb./sth. seriously** někoho/něšto chutnje brać; **take the dog for a walk** psa wuwjesć; **take sth. up** něšto dale wjesć, pokročować *(ideju)*, zběhnyć; **What size do you take?** Kajku wulkosć maš/maće?

talented talentowany

talk v. so rozmołwjeć; n. rozmołwa; **give a talk** přednošować

tall wulki, wysoki

tank tank

task nadawk

taste n. słód; v. słodźeć, woptać

taste of 1. słodźeć za; 2. słód za

tasteless bjeze słoda
tax dawk; **put a tax on** dawk na něšto zběrać
taxi taksi, taksa
tea čaj; **have tea** čaj pić, wječerjeć; **make tea** čaj naparić
teach wučić
teacher wučer
team mustwo
tear sylza
technical techniski
technique technika, metoda, wašnje
technology technologija
teenage młodostny, młodźinski *(hlej teenager)*
teenager młodostny, teenager
telegraph telegraf
telephone telefon; **answer the telephone** na telefon hić, telefon wotzběhnyć; **be on the telephone** telefonować, być při telefonje; **telephone call** telefonat
television telewizija, telewizor; **on television** w telewiziji; **watch television** telewiziju hladać
tell powědać, rozprawjeć; prajić, mjenować, podać, spóznać, wědźeć; **tell the way** puć rozkłasć, puć pokazać
temperature temperatura
temporary přechodny, nachwilny, mjeztymny, tuchwilny
tennis tenis

tense 1. *(gram.)* časowa forma, tempus; 2. napjaty, nerwozny

tension napjatosć

tent stan

terrible hrozny, žałostny

terrified wustróžany; **be terrified of** so strašnje bojeć, před

terror teror

terrorize terorizować

test n. test, pruwowanje; v. testować, pruwować; **do a test** dźěło pisać, pruwować

text tekst

textbook wučbnica

than hač

thank n. dźak; v. so dźakować; **Thank you.** Dźakuju/Dźakujemy so.; **Thank you very much**. Wutrobny dźak. Wulki dźak.; **Thanks.** Dźakuju so. Měj dźak.; **Thanks a lot.** Wutrobny dźak. Wulki dźak.

that 1. tón, ta, to/wony, wona, wono; 2. zo; 3.kotryž, kotraž, kotrež, kotřiž; **(not) that bad;** (nic) tak zlě; **so that** zo, tak zo; **that is = i.e.** to rěka = t. r.; **that is why** tohodla

the tón, ta, to, te; **the ... the** čim ..., ćim

theater dźiwadło

their jich; **theirs** jich

them jim, jich

theme tema, wodźaca mysl

themselves (woni) sami, (woni) sej sami, so *(refl.)*
then 1. potom; 2. tehdy, we wonych časach
therapist terapeut/ka; **physical therapist** fyzioterapeut/ka
there 1. tam (městno); 2. tam (směr); **over there** tam (prěki, napřećo); **there is/are** je, su, stej/staj, eksistuje, eksistuja, eksistujetaj/ej
therefore tohodla
thermometer termometer
these tute, tući, te
they woni
thick tołsty
thief paduch/padušnica/paduchojo
thin ćeńki
thing wěc; **He could not see a thing.** Njemóžeše absolutnje ničo widźeć.
think myslić, měnić, wěrić; **I don't think so.** Njejsym toho měnjenja. To njewěrju.; **I think so.** Ja to tež měnju. Ja měnju, haj.; **think of** myslić na; měnić k; sej wumyslić; **think up** sej wumyslić; **What do you think about ...?** Što měniš k, wo ...?
third třeći
thirst lačnosć; **be thirsty** lačny być
this tón, ta, to; **This is how you do it.** Tak so to čini.; **this morning** dźensa rano
thorough dokładny

thoroughly dokładnje
those woni, wone; tamni, tamne
though hačrunjež, byrnjež, ale; **even though** hačrunjež, byrnjež
thought mysl, ideja; **thoughtful** zamysleny
threaten hrozyć, wohrožować
throat šija, kyrk; **a sore throat** šijebolenje
through přez
throughout wšudźe; cyły (dźeń), cyłu (hodźinu) a pod.
throw ćisnyć, mjetać
thumb palc
Thursday štwórtk
ticket jězdźenka, zastupny lisćik; pokutny mandat, pokutna cedlka; **ticket-inspector** kontroler jězdźenkow; **single ticket** jednora jězdźenka
tidy adj. čisty; v. čisćić
tie krawata; **tie to** (při)wjazać na/k
tiger tiger
tight wuski
till hač do, k *(temporalnje)*; **not till six** nic do 6.00 hodź., najzašo w 6.00 hodź.
time čas; **time(s)** raz, dwójce, trójce ... pjeć ... razow; **have a nice time** rjany čas/wjele wjesela měć; **Have a good time.** Měj so rjenje! Wjele wjesela!; **What time is it?** Kak pozdźe je? Kak

na času je?; **timeless** bjez časa, bjezčasowy; **for the first time** prěni raz

tin mine cynowe podkopki, cynowa mina

tin tyza, konserwa

tiny małuški, jara małki

tire wobruč

tired sprócny, wučerpany; **be tired of** něšto syte měć, wučerpany być wot

title titel

to 1. k, do; 2. zo by; **give to sb.** někomu dać; **happen to** so (z) stać; **I've been to ...** Sym w ... był.; **listen to** słuchać (na), poskać; **next to** pódla, blisko; **quarter to ten** tři štwórć na dźesać (hodź.); **speak to** rěčeć z; **talk to** rěčeć z, k; **Try to come.** Spytaj přińć. Spytaj, zo přińdźeš.; **write to** pisać na

toast toast

tobacco tobak

today dźensa

today's paper dźensniša nowina, dźensniše nowiny

together zhromadnje, cyłkownje

toilet toileta; **toilet article** toiletowy artikl

tolerance (towards) toleranca napřećo

tolerant (towards) tolerantny być napřećo

tomato tomata, *pl.* tomaty

tomorrow jutře; **tomorrow morning** jutře rano; **tomorrow's paper** jutřiša nowina; jutřiše nowiny; **the day after tomorrow** zajutřišim

ton tona (waha)
tone zwuk, zynk
tonight dźensa wječor, dźensa nocy
too tež, pře-; **too small** přemały
tool grat
tooth zub, *pl.* zuby
toothbrush zubna šćětka
toothpaste zubna pasta
top wjeršk; horni kónc; **from top to bottom** wot horjeka hač dele; **on top of** cyle horjeka; **top speed** maksimalna spěšnosć, najwyša spěšnosć
topic tema
torch smólnica
torture tortura, čwělowanje
total totalny
touch dótknyć, dótkać so
tough sylny, robustny, kruty
tour 1. tura, jězba; 2. jězdźić po; **go on a bus tour** jězbu z busom činić; **go on a guided tour** jězbu z přewodom činić
tourism turizm
tourist turist
towards k, do směra, wokoło *(temporalnje)*; **towards sb.** (so zadźeržeć), komu napřećo, ke komu
towel trěnje
tower wěža
town město; **in town** w měsće; **town hall** radnica

toy hrajka
toymaker hrajkitwarc
trace slěd, stopy
track wuběd́żowanska čara, pista
tractor traktor
trade wikowanje; (rjemjeslniske) powołanje; **trade with** wikować z
tradition tradicija
traditional tradicionalny
traffic lights wobchadna ampla, *pl.* wobchadne ample
traffic wobchad; **affic jam** zatykana dróha
tragedy tragedija
tragic tragiski
tragically tragisce
trail šćežka, puć; šćežka za pućowarjow
trailer bydlenski wóz, karawan
train (v). trenować, wukubłać
train ćah; **by train** z ćahom
training trening, wukubłanje
trait of character charakterna kajkosć
tram tramwajka, nadróžna
transfer to přesadźić do, přepołožić do
translate přełožić
translation přełožk
transplant n. transplantat; v. transplantěrować
transport n. transport; v. transportować

trap pasle

travel n. pućowanje, jězba; v. jěć, pućować; **space travel** kosmonawtika, astronawtika; **traveller** pućowar

treat zastarać, wobchadźeć z

tree štom

trend trend, směr

trial of proces, jednanje přećiwo

tribal kmjenowy

tribe kmjen

trick trik, kumšt; **play a trick** komu klubu činić; **trick-or-treat** *po prošenju chodźenje dźěći w USA na swjatku/swjedźenju* "Halloween"

tricky łoskoćiwy, komplikowany, ćežki

trip wulět, jězba; **go on a trip** wulět/jězbu činić

trouble njeměr, rozkora, ćeže; **get into trouble** do ćežow přińć; **trouble spot** "Kedźbu, pasle!"

troubled myleny, znjeměrnjeny

truant dundak (šule); **play truant** šulu předundać

truck nakładne awto

true wěrny; **come true** so zwoprawdźić

truly 1. woprawdźe; 2. woprawdźity

trunk zdónk (štoma); rum za kófry/wačoki w awće

trunks sportowe cholowy; **swimming trunks** kupanske cholowy

truth wěrnosć

try spytać; **try and do sth.** spytać něšto činić; **try on** na probu so wobłěkać
T-shirt košla, t-shirt
tube roła; Londonska metro
Tuesday wutora
tune melodija
tunnel tunl
turkey trutak
turn n. křiwica; přewrót; v. wotbočić; **It's your turn.** Sy na rjedźe. Nětko ty.; **turn brown/red** so brunić, so začerwjenić; **turn into** so změnić do, na; **turn round** so wobroćić; **turn to** so přiwobroćić na/k, so wobroćić na
TV - television telewizija; **on TV** w telewiziji; **watch TV** telewiziju hladać
twice dwójce
twin dwójnik
type of typ, družina
typewriter pisanska mašina
typical of typiski za
typing pisanje/pisać z mašinu
typist pisar/ka

U

ugliness hroznosć
ugly hrozny

unable njekmany, njetalentowany
unanswerable njewotmołwjomny
unavoidable njewobeńdźomny
unbearable njeznjesliwy
unbelievable njewěrjomny
unborn njenarodźeny
unbreakable njerozłamajomny
uncle wuj
uncomfortable njekomfortabelny
under pod
underline podšmórnyć
understand zrozumić
understandable zrozumliwy
understanding 1. rozumny; 2. zrozumjenje
underwater pod wodu
undoubted bjezdwěla, njedwělomnje
undoubtedly njedwělomnje
unemployable njeposrědkujomny (na dźěłowe městno)
unemployed bjezdźěłny
unemployment bjezdźěłnosć
uneven njeruny *(ličba)*
unexpected njewočakowany
unfairness njefairnosć, njesprawnosć
unfamiliar njeznaty, njezwučeny
unforgettable njezabudźomny
unfortunately njezbožownje, bohužel
unfriendliness njepřećelnosć

unhappy njezbožowny
unhealthy chory, njestrowy
uniform uniforma
unimaginable njepředstajomny
union unija, zwjazk, dźěłarnistwo
unit lekcija, jednota
united zjednoćeny; **the United Kingdom** Zjednoćene kralestwo; **the United Nations** Zjednoćene narody (UNO); **the United States of America** Zjednoćene staty Ameriki
university uniwersita
unjust njesprawny
unknown njeznaty
unless doniž, hdyž nic
unlike hinak hač, na rozdźěl wot; **be unlikely to do sth.** něšto prawdźepodobnje nječinić
unload wotkładować
unlucky day njezbožowny dźeń
unpack wupakować
unpronounceable njewurjekujomny
unreal njerealny
unreliable njespušćomny
unsatisfactory njespokojacy
unsinkable njepodnurjomny
unsuccessful njewuspěšny
unsystematically njesystematisce
unthinkable njemyslomny

untidy mazany, njeporjadny, njezrumowany
until do *(temporalnje)*; **not until six** nic do 6.00 hodź.
unusual njezwučeny, njenormalny, wurjadny
up horje; **get up** stanyć; **put up** natwarić, stajić, powěsnyć, přičinić; **stand up** stanyć, runje stać, pozběhnyć so; **up there** tam horjeka; **up to** hač k, do; **walk up to sb.** přistupić komu, so bližić komu; **up to date** načasny, moderny, aktualny
upset about zmotany, zestróžany, zrudźeny dla
upset hněwać, znjeměrnić, z kolijow ćisnyć; **upset stomach** skaženy žołdk
upstairs horjeka, horje
us nas, nam, naju
use v. wužiwać, nałožować; n. wužiwanje; **be/get used to sth./sb.** so zwučić na čo/koho; **I used to do** Sym přeco/stajnje ... Pola mje je z wašnjom ...
useful wužitny
useless bjez wužitka/zmysła
usual zwučeny, normalny
usually zwjetša, po zwučenosći

V

vacation dowol, prózdniny; **go on vacation** do dowola jěć, na prózdniny hić

vacuum wakuum; **vacuum cleaner** prochsrěbak
valley doł
value hódnota
van małe nakładne awto
variety wšelakosć, pisanosć, wšelakorosć
various wšelaki, rozdźělne
vary wotměnić, změnić; **vary from** so rozeznawać, wariěrować, rozdźělny być
vegetables zelenina
vehicle jězdźidło
verbal werbalny, z werbom tworjeny
verse štučka, hrónčko
very jara; **(like) very much** (so) jara (lubić), jara (rady měć)
vet skótny lěkar/ka
via přez, via
vice-president zastupowacy prezident, wice-prezident
vicious circle čertowy kruh
victim wopor
video wideo
view wuhlad, rozhlad, pohlad, wid; nahlad, měnjenje; **point of view** hladanišćo, stejnišćo
village wjes
violence namóc
violent namócny
virus wirus
visa wizum

visibility wid
visible widźomny
visit wopytać, wopyt; **on a visit** na wopyće
visitor wopytar/ka
vocabulary wokabular, słownistwo
voice hłós
volleyball volleyball
voluntary adj. dobrowólny
volunteer n. dobrowólny, dobrowólnik; **volunteer for** so dobrowólnje přizjewić za, něšto dobrowólnje činić za
vote wothłosowanje; hłós; **vote for** hłosować za; wolić
vowel wokal

W

waffle wafla
wages mzda
wagon konjacy wóz, planowy wóz
wait for čakać na; **I can't wait.** Móžu lědma dočakać.; **Wait a minute.** Dočakaj minutu! Dočakaj wokomik!
waiter pinčnik
waitress pinčnica
wake up wotućić; budźić
Wales Wales

walk n. wuchodźowanje, puć za pućowarjow; v. chodźić, běhać; **a one-minute walk** minuta pěši, krótki puć; **go for a walk** so wuchodźować; **take the dog for a walk** so z psom wuchodźować; **go walking** pućować
wall murja, sćěna
want to chcyć; **these statements want checking** tute wuprajenja maja so přepruwować; **wanted** pytany
war wójna
warden nawoda młodownje, hospodowar/ka
wardrobe drastowy kamor
warm ćopły
warmth ćopłota
warn warnować
warning warnowanje
wash so myć, płokać; **have a wash** so myć; **wash the dishes** wopłokować
washable płokajomny, so płokać dać
washing machine płokanska mašina
washroom myjernja
waste n. wotpadki; brojenje; v. brojić; **waste management** wotpadkowe hospodarstwo, wotwožowanje wotpadkow; **waste ground** pusty kraj, lado
watch n. časnik (naručny); **My watch is wrong.** Mój časnik wopak dźe.; v. wobkedźbować, sćěhować, hladać; **watch TV** telewiziju hladać

watchmaker časnikar/ka
water power móc wody
water woda; **water color** akwarel; wodowa barba
waterfall wodopad
watering can krjepjawa
waterway wodowy/łódźny puć (dróha)
watery wodźany
wave n. žołma; v. kiwać; **wave to/at sb.** přikiwać komu
wax wósk
way puć, wašnje; **a long way** dołhi puć, dołho; **by the way** připódla prajene; **find the way back** so wróćo namakać; **in different ways** po wšelakich pućach, na wšelake wašnje; **in a way** někak, we wěstym nastupanju; **in no way** na žadyn pad; **in the way** na puću; **on my way** na/po mojim/swojim puću; **tell the way** puć rozjasnić, pokazać; **the other way round** hinak wokoło; **This is the way you do it.** Tak ma so to činić. Tak so to čini.; **way of life** wašnje žiwjenja; **We've come a long way.** Smy derje doprědka přišli/postupowali.
we my
weak słaby
weaken słabić, wosłabić
weakness słabosć
wealth bohatstwo
wealthy bohaty

weapon bróń
wear nosyć (drastu)
weather wjedro
wedding kwas
Wednesday srjeda
week tydźeń
weekday wšědny/dźěłowy dźeń
weekend kónc tydźenja; **on the weekend** kónc tydźenja
weigh ważić
weight waha
weightlifting zběhanje wahow
welcome witać; **welcome (to)** witaj/witajće (w); **You are welcome.** Prošu jara. Ničo k dźakowanju.
welfare socialna pomoc, podpěra
well 1. derje; 2. strowy; 3. nětko, potajkim; **do well** něšto derje činić, wukonjeć, zdokonjeć; **Well.** 1. Derje! 2. Woprawdźe? Mój božo!; **well-known** derje znaty; **well-off** bohaty
Welsh waliziski; **the Welsh** Walizičenjo, waliziski lud; **Welshman/Welshwoman** Walizičan/ka
west of zapadnje
western zapadny
wet mokry
what što, kajki, kotry, kotra, kotre; **What a question!** Kajke prašenje!; **What about ...?** Kak by było z ...? Što měniš k ...?; **What color is ...?** Kajku barbu ma ...?; **What date is it?** Kajki (datum)

dźensa je?; **What do you call ...?** Kak so mjenuje ...?; **What is it?** Što je? Što je so stało?; **What's it like?** Kak (to) wupada? Kak to je?; **What's wrong with Kevin?** Što je z Kevinom?; **What time is it?** Kak pozdźe je? Kak na času je?; **Whatever** kajkižkuli, štožkuli

wheat pšeńca

wheel koleso, koło; **steering wheel** wodźidło

wheelchair koleskaty stoł (za zbrašenych), chorobny jězbny stoł

when 1. hdy; 2. hdyž; 3. jako

whenever hdyžkuli, hdyž tež přeco

where hdźe; **Where are you from?** Zwotkel pochadźeš? Zwotkel sy?

wherever hdźežkuli

whether hač

which kotry, kotra, kotre, kotři; **Which of you?** Štó z was? **whichever** kotryžkuli, kajkižkuli

while 1. mjeztym zo; 2. chwila

whisky whisky

whisper šeptać

whistle v. hwizdać; n. hwižk; hwizd

white 1. běły; 2. běłoch

who 1. štó, komu, koho; 2. kotryž, kotraž, kotrež, kotřiž

whoever štóžkuli

whole cyły, cyłkowny; **on the whole** cyłkownje, w cyłku; **the whole of** cyły, wšón

whom 1. koho, komu; 2. kotrehož, kotruž, kotrež, kotremuž/kotrejž
whose 1. čeji/čeja; 2. čejiž, čejaž; **Whose is it?** Komu (to) słuša? Čeje to je?
why čehodla; **Why not?** Čehodla nic?
wide šěroki
widen (so) rozšěrić, wušěrić
widow wudowa
widower wudowc
width šěrokosć
wife mandźelska, *pl.* mandźelske
wild dźiwi
will 1. budźe (činić); 2. wola
willing zwólniwy
win dobyć; sej wudobyć
wind 1. wětřik; 2. wjerćeć; **wind surfing** windsurfing
window wokno
windy wětřikojty
wine wino
wing křidło
winner dobyćer/ka
winter zyma; **in the winter** w zymje
wired (z grotom) splećeny
wise mudry
wish v. (sej) přeć; n. přeće
witch wjera
witchcraft kuzłarstwo
with z

within w, znutřka

without bjez; **do without** wuńć bjez, so wzdać čeho

wolf wjelk, *pl.* wjelki

woman žona, *pl.* žony

won't = will not njebudźe; nochce, njecha

wonder n. dźiw; v. prašeć so, wědźeć chcyć, wćipny być

wonderful překrasny, wulkotny

wood drjewo, lěs

wooden drjewjany

wool wołma

word słowo

work n. dźěło; v. dźěłać, běžeć (mašina); **at work** při/na dźěle; **go to work** na dźěło hić; **out of work** bjez dźěła być, bjezdźěłny być; **work out** wudźěłać; wuličić

worker dźěłaćer

working-class dźěłaćerska klasa

workshop dźěłarnja

world swět; **be out of this world** fantastiski być; **in the world** na swěće

worried about sej starosće činić dla/wo

worry so starosćić; **Don't worry.** Nječiń sej žane starosće!

worse (than) špatniši (hač); **(the) worst** najhubjeńši, najšpatniši

worth hódny; **be worth doing** hódne być, zo so čini; so wupłaćić

worthless bjez hódnoty, tuni
would by, bych; **I'd like = I would like to** Bych (jara) rady ...; **I'd love (to)** Bych (jara) rady ... Bych radlubje ...
wound n. rana; v. zranić
Wow! Wow! Wulkotnje!
wreck wrak
wrecker rubježnik, wosebje při brjoze
write (to) pisać (hdźe/komu/na koho); **write down** napisać
writer spisowaćel
wrong wopaki, wopačny; **be wrong** prawje njeměć; **be wrong** prawje/prawo njeměć; **My watch is wrong.** Mój časnik wopak dźe.; **What's wrong with Kevin?** Što je z Kevinom?

Y

yard yard *(měra: ca. 90 cm)*
year lěto
yearly lětnje, kóžde lěto
year-old lětny, ... lět stary
yellow žołty
yes haj
yesterday wčera; **yesterday's lesson** wčerawša hodźina; **the day before yesterday** předewčerawšim

yet 1. hižo; 2. tola; **not ... yet** hišće nic
yogurt yoghurt
yonder tam, prěki, napřećo
you ty, wy, tebje, was
young młody
your twój, waš; **yours** twój, waš; **Yours** Twój, Waš
yourself sej sam, sam; **yourselves** (wy) sej sami, sami
youth młodźina; **youth club** młodźinski klub; **youth hostel** młodownja
youthful młodźinski, młody

Z

zebra cebra
zero nula
zip code póstowe (wodźenske) čisło
zone pasmo, cona
zoo coologiska zahroda, zwěrjenc